Das Lübische Gesetzbuch

und die

Pommersche Bauerordnung.

Das Lübische Gesetzbuch

in seinen noch gültigen Bestimmungen und seiner Anwendbarkeit mit dem Texte des revidirten Lübecker Stadtrechts von 1586, ergänzt und erläutert durch die Aussprüche der hervorragendsten Schriftsteller und die Entscheidungen des Königlich Preußischen Ober-Tribunals zu Berlin bis auf die neueste Zeit

und die

Pommersche Bauerordnung

vom 30. Dezember 1764

ergänzt und erläutert durch die Entscheidungen des Königl. Ober-Tribunals.

Zum Gebrauch

für die

Gerichte, Rechtsanwälte, Verwaltungsbehörden, Magistrate

herausgegeben

von

Adolf Kahle.

Berlin.

Verlag von J. Guttentag (D. Collin).

1879.

Inhaltsübersicht.

Die Pommersche Bauerordnung.

Einleitung.

Die in Deutschland herrschenden verschiedenen Rechtssysteme weichen nicht nur erheblich von einander ab, sondern sind auch in sich verwickelt und unübersichtlich. Es gilt dies hauptsächlich von dem Lübischen Rechte aus dem 13. Jahrhundert, das noch in güterrechtlicher Beziehung und in Erb- und Bausachen in umfangreichen Landesgebieten gilt und eins der einschneidendsten Statutarrechte ist.

Wenn auch die Rechtszustände, unter denen wir nach Lübischem Rechte leben, Jahrhunderte alt und mangelhaft sind, so haben die Gerichtseingesessenen sich in dieselben doch eingelebt, daran gewöhnt und sie ertragen können. Es hat sich nur das Bedürfniß herausgestellt, den Stand des Rechts, wie sich derselbe bis jetzt entwickelt hat, übersichtlich zusammenzustellen. Die nationale Aufgabe, ein Recht für ganz Deutschland zu schaffen, ist noch nicht erreicht und zur Erreichung des Zieles liegt noch ein weiter Weg vor uns. Die mit dem 1. Oktober 1879 in dem Deutschen Reiche zur Einführung gelangenden neuen Justizgesetze beziehen sich nur auf die ordnungsmäßige Behandlung der gerichtlichen Geschäfte, auf die Verfassung der Gerichte und das Prozeßverfahren. Das materielle bürgerliche Recht wird davon nicht betroffen, es bleiben vielmehr das gemeine Recht und alle übrigen Landes-, Provinzial- und Statutar-Rechte in Kraft. Dazu gehören insbesondere die verschiedenen Erbrechte.

Der Verfasser hat sich die Aufgabe gestellt, durch dieses Werkchen in die schwierige Materie des Lübischen Rechts praktisch einzuführen, damit sich jeder ohne Mühe über seine Rechte und Pflichten hinsichtlich der gedachten Rechtsmaterien belehren könne. Der Verfasser ist hierbei von dem Gedanken ausgegangen, daß derjenige, welcher sich für verwickelte Rechtszustände ein Verständniß eröffnen will, immer am sichersten handeln wird, wenn er der Entstehung und Entwickelung derselben nachgeht.

Das Lübische Recht.

Entstehung.

Das Lübische Recht ist, seiner Entstehung nach, nicht, wie das Allgemeine Landrecht, auf die römischen Rechtsquellen zurückzuführen, sondern es verdankt seinen Ursprung und Namen der deutschen Stadt Lübeck. Letztere wurde 1143 von dem Grafen Adolf II. von Holstein-Schaumburg erbaut, welcher sie 1158 an Heinrich den Löwen, Herzog von Sachsen abtrat. Derselbe verlieh der Stadt 1167 ein Stadtrecht, welches eins der wichtigsten Stadtrechte des deutschen Mittelalters ist. Kein einziges deutsches Statut und Stadtrecht hat sich auswärts einer solchen günstigen Aufnahme zu erfreuen gehabt, wie eben das Lübische. Das älteste noch vorhandene deutsche lübische Rechtsbuch ist von 1235.

Die Stadt Lübeck wurde 1226 von dem Kaiser Friedrich II. zu einer Freien Reichsstadt erklärt. Lübeck erlangte hierdurch sowie durch den bald sich bildenden Verein der großen Hansa (Bündniß deutscher Städte — Hansa heißt im Altdeutschen überhaupt: Bund —), dem es als Hauptstadt angehörte, und durch seinen blühenden Handel schnell große Macht und bedeutenden Einfluß und Reichthum. Es tritt uns in dieser großen wirthschaftlichen Erscheinung ein genossenschaftlich organisirter Welthandel von der größesten Bedeutung entgegen. Zweck der Hansa war: Schutz gegen Räubereien, Steuerung aller Unordnung, Wahrung des Alleinhandels im Nordosten und Westen und Behauptung, womöglich Erweiterung der von Fürsten erhaltenen Privilegien.

Ausdehnung und Verbreitung.

Der Kaiser Karl der Fünfte bestätigte in dem Privilegium, gegeben in der Reichsstadt Speyer am 23. April 1544, die Freiheiten der Stadt Lübeck und insbesondere ihre eigene Gerichtsbarkeit in der Weise, daß gegen die ergehenden Urtheile keine Appellation an Kaiser und Reich stattfinden solle. Die Lübischen Rechtsnormen gewannen in Folge von

Ansiedelungen und durch den Handelsverkehr nicht nur unmittelbar von Lübeck selbst, sondern auch von Städten aus, in denen bereits Lübisches Recht galt, immer größere Verbreitung. Das Lübische Recht ist daher in den meisten Städten Pommerns und Mecklenburgs und überhaupt außerhalb Lübeck in mehr als 90 Städten und den dazu gehörigen Stadtgütern schon im 13. und 14. Jahrhundert theils durch Privilegien, theils durch Observanzen eingeführt. Mit der Einführung des Lübischen Rechts, welches den Städten zugleich die Form ihrer Verfassung gab, wurde überall die Verwaltung und Leitung des Gemeindewesens einer aus Bürgern zusammengesetzten Körperschaft von Rathmannen übergeben. An ihrer Spitze stand anfänglich der Vogt, ein fürstlicher Beamter, der wieder von dem an die Stelle des wendischen Kastellans getretenen Obervogte des ganzen Bezirks ernannt wurde. Derselbe leitete in Verbindung mit den Rathmannen die Verwaltung der Stadt und handhabte das Gericht, bald auch den sonst dem Obervogte zustehenden Blutbann. In der Stadt Colberg an der Ostsee, um das Jahr 1255 gegründet, erscheint der Vogt etwa 40 Jahre lang als das Haupt der Rathmannen. Ueberall strebten jedoch die städtischen Räthe darnach, sich der Leitung des fürstlichen Beamten zu entziehen und seine Einwirkung auf die städtischen Angelegenheiten zu beseitigen.

Das Auftreten von Bürgermeistern (proconsules) bezeichnet den Zeitpunkt, wo der Rath die erste Unabhängigkeit gewonnen hat. Von dem Chronisten Colbergs, Professor Riemann, hören wir, wie die wegen ihrer günstigen Lage an der Ostsee gesuchte Stadt mit der starken Einwanderung aus Mecklenburg und den westlichen Städten einen größeren Aufschwung nimmt und wie die aus Lübeck und Rostock der Stadt zuziehenden Familien, die dort zum Theil schon im Rath gesessen hatten, die bessere Ordnung der städtischen Verwaltung aus ihrer Heimat kannten und sie mit nach Colberg brachten, wo ihre Einführung schon durch die mit der Zunahme der Einwohnerzahl wachsende Ausdehnung der Geschäfte zur Nothwendigkeit wurde. Zu den wichtigsten Befugnissen des Raths gehörte die Handhabung des städtischen Gerichts. In der Gründungsurkunde von Colberg vom 23. Mai 1255 war der Stadt der Greifswalder Rath als die höhere Instanz zugewiesen, theils zur wirklichen Berufung gegen ein von dem Colberger Rathe gesprochenes Urtheil, theils zur Rechtsbelehrung in zweifelhaften Fällen. Mehrfach hat der Rath von diesem Rechte Gebrauch gemacht. Einen Beleg dazu giebt ein Rechtsfall wegen eines auf der Münde am Hafen verübten Mordes im Jahre 1297, bei dem vier Beisitzer genannt sind. Bei der Schwierigkeit, den Thatbestand zu ermitteln und die Glaubwürdigkeit der Zeugen festzustellen, hatte der

Colberger Rath den Greifswalder um ein Interlokut (Zwischenurtheil) ersucht, doch auch diesem war der Fall so bedenklich erschienen, daß er die Colberger Rathssendeboten an den Lübecker Rath verwies. Nach den von diesem über die Glaubwürdigkeit der Zeugen aufgestellten Bestimmungen fällten die Colberger Richter ihr Urtheil, wandten sich dann aber, als die verurtheilte Partei dasselbe schalt, abermals an Greifswald, um von dort Belehrung zu holen, „wo", wie sie höflich sagen, „die Quelle des Rechts fließe, während sie nur abgeleitete Bächlein wären." Es wurde in Colberg bald die Berufung auf die Stadt Lübeck üblich, deren auf reicherem Handelsverkehr und mannigfaltigerer Ausbildung aller Lebens- und Rechtsverhältnisse beruhende Ueberlegenheit Greifswald selbst durch die Verweisung auf sie anerkannt hatte. Dadurch, daß die mit dem Lübischen Rechte bewidmeten Städte sich vielfach um Belehrungen an die Mutterstadt wandten, wurde eine gleichmäßige Fortbildung des Rechts vermittelt. Ohnehin war Colberg schon durch die zahlreich aus Lübeck eingewanderten Familien mit ihm in engere Verbindung gekommen, und dem Einflusse, welchen die neuen Bürger von Colberg immer noch in der alten Heimath besitzen mochten, hatte die Stadt wohl die große Bevorzugung zu verdanken, welche ihr vor andern Städten zu Theil wurde. Im Jahre 1297 nämlich am Freitage vor palmar. (5. April) überbrachten die beiden Rathmannen Johann von Ghemelin und Johann Kolberg dem Colberger Rathe aus Lübeck einen Codex des Lübischen Rechts, zu dessen Abholung sie vom Rathe dorthin gesandt waren. Der Lübecker Bürger Albrecht von Bardewich hatte ihn zum Lichtmeßtage mit Erlaubniß des Lübecker Raths „dor (wegen) woruntlike leue unde dor manighvolde woldat," die derselbe von Colberg erfahren hatte, für die Gemeinde und den Rath von Colberg abschreiben lassen. Bürgermeister von Lübeck waren in diesem Jahre: Markward Hyldemer und Johann Runese, und Kämmerer: Segebode und Alexander von Lüneburg. — Der Werth, den das Geschenk in den Augen des Lübecker Raths hatte, läßt sich aus dem Versprechen erkennen, zu dem sich der Colberger Rath in einem „offenen Briefe" verpflichten mußte und welches bei jedem Rathswechsel wiederholt werden sollte: „dat wi unde unse nakomelinghe, dhe der stat to kolberghe gesworen hebben, dit bok tho user stades nut bi uns sulven scholen holdhen, unde dat wi it to ut scriuende nummende scholen don noch lenen tho neghenerwis, dhes hebbet de heren de ratmane van lubeke thoversichte to uns ratmannen." Nur unter der Bedingung also war ihnen das Buch eingehändigt worden, daß sie es keiner andern Stadt überließen, um Abschrift davon zu nehmen.

Der erwähnte schwierige Rechtsfall, welcher der Stadt viele Unkosten und Verlegenheiten bereitet hatte, war wohl die nächste Veranlassung zu dem Wunsche des Raths von Colberg gewesen, ein eigenes Rechtsbuch zu besitzen, und die bei jenem Prozesse nach Lübeck entsandten Rathmannen mögen dort die Bitte desselben vorgetragen haben. Dieses Buch ist ein Pergamentcodex in Quart von 55 Blättern. Das Titelblatt hat folgende Aufschrift:

„Codex Juris Lubecensis.
M.C.C.X.C.VII."

Der Codex enthält auf den ersten 40 Blättern in 189 Nummern das Lübische Recht, welches Albrecht von Bardewich im Jahre 1297 für den Colberger Rath hat abschreiben lassen. Es stimmt dies bis Blatt 33 fast wörtlich und in regelmäßiger Reihenfolge der Artikel mit dem Codex Brokes a (s. Hach: Das alte Lübische Recht). Die Artikel der letzten 7 Blätter sind dem Codex Bardewich entnommen. Der Codex ist von Anfang bis zu Ende mit Linien bezogen. Jede Seite enthält 2 Columnen mit je 22 Linien, auf jeder Seite gehen 6 davon (2 oben, 2 in der Mitte und 2 unten) durch die ganze Seite; die übrigen reichen nur bis an den Rand der Columnen, zwischen denen sich ein von vertikalen, die Columnen einschließenden und bis an den Rand der Blätter gehenden Linien begrenzter schmaler Raum befindet. Das Lübische Recht ist auf der ersten Seite in rother, sonst in schöner schwarzer Minuskel (Kleinschrift in Druckereien) von Einer Hand geschrieben, die Nachträge sind von andern Händen. Die Rathsbeschlüsse sind theils in Minuskel-, theils in Cursiv-Schrift. Die Deckel sind aus Holz und mit rothem Leder überzogen. In Colberg wurde dieser Codex unter dem Namen „Lübisches Stadtbuch" auf dem Rathhause aufbewahrt. Jahrhunderte hindurch hat der Rath darnach seine Urtheile gefällt und alle wichtigen Rathswillküren wurden darin eingetragen. Das wohlerhaltene Werk befindet sich noch heute in dem Colberger Stadt-Archiv.

Die Ausstattung mit einem eigenen Rechtscodex trug wohl dazu bei, einerseits das Verhältniß zu Colberg zu lösen, und den Lübecker Rath zu der unmittelbar über dem Colberger Rathe stehenden höheren Instanz zu erheben, anderseits der Stadt ihre hervorragende Stellung in Hinterpommern zu geben, die sich darin zeigte, daß die später gegründeten Städte, namentlich die stiftischen, nach dem Muster von Colberg eingerichtet wurden und durch ausdrückliche Festsetzung oder stillschweigende Anordnung in dem Colberger Rathe ihre Appellationsinstanz erhielten.

So verlieh Bischof Friedrich dem 1340 zur Stadt erhobenen Flecken Bublitz Lübisches Recht und Rechtsberufung nach Colberg und gab ihr deren Münze, Längen- und Scheffelmaß, und ein Prozeß zwischen dem Rathe von Bublitz und den Gebrüdern Henning und Heinrich Sloyger über das Erbe ihres in Bublitz erschlagenen Vaters wird deshalb vor den Colberger Rath gebracht, 1380 (Stadtbuch). Das schon 1299 genannte Cörlin (an der Persante), vielleicht schon damals deutsche Stadt, erscheint um 1380 mit Lübischem Rechte nach Colberger Muster bewidmet. Auch Cöslin, dessen Gründungs-Urkunde der Vogt von Colberg und mehrere Domherren vom Colberger Kapitel als Zeugen unterzeichnet haben, hatte wenigstens in späterer Zeit das Zugrecht nach Colberg. Zwei Appellationen von Urtheilen des Cösliner Raths an den Colberger aus dem Jahre 1547 sind erhalten. Selbst nichtstiftige Städte, wie Stolp und Schlawe standen in demselben Verhältnisse zu dem Colberger Rathe; von Stolp ist vom Jahre 1519—1548 eine ziemliche Anzahl von Appellationen Stolper Bürger an den Colberger Rath erhalten, von Schlave wenigstens drei. Die meisten der genannten Städte standen auch sonst in nahen Beziehungen zu Colberg und bei der Gründung mehrerer sind wohl Colberger Bürger thätig gewesen. Zu den Familien, die Lübisches Recht nach Colberger Norm nach Stolpe verpflanzt haben, gehören die Darsow's. Mit den Begründern von Schlawe, Jasko und Peter von Neuenburg, stand der Colberger Rath um 1321 in gutem Einvernehmen, und in den Städten, die an der Handelsstraße nach Polen lagen, finden sich einige der angesehensten Colberger Patricierfamilien wieder, wie die Berwalde in Belgard nnd die Halekow's in Belgard und Bublitz, und das Stadtbuch bezeugt, daß sie mit ihren Blutsverwandten lange in Verbindung geblieben sind.

In den Appellationen von Urtheilen des Colberger Raths an den Lübecker trat im Jahre 1499 insofern eine Beschränkung ein, als in diesem Jahre von dem Rathe mit Bestimmung der Bürgerschaft beschlossen wurde, dat nemant bynnen unde buten rades hir to Colberge scal en ordet schelden van deme rade hier vor den rad von Lubecke in ener sake von vefftig marken iffte dar benedden.

In Sachen über 50 Mark mag jeder nach Lübeck appelliren. Das Urtheil soll durch den Stadtschreiber in das Urtheilbuch eingetragen werden, der Rath soll es den Parteien auf ihr Verlangen in Schrift geben, um es vor den ehrsamen Rath von Lübeck zu bringen und diese sollen dem Schreiber soviel dafür geben, als man zu Lübeck giebt. (Vergl. Riemann, Geschichte Colbergs, S. 69, 85—89).

Die letzte publizirte Revision des Lübischen Rechts ist vom Jahre 1586 mit folgendem Titelblatte: „Der Kaiserlichen Freyen und des

Heiligen Reichs Stadt Lübeck Statuta und Stadt=Recht. Auffs Neue übersehen, corrigiret und aus alter Sechsischer Sprach in Hochteudsch gebracht. Gedruckt zu Alten Stettin bei Andreas Kellner 1586". Dieses Buch enthält auch einen Abdruck des Privilegiums Kaiser Carls des Fünften de dato Reichs=Stadt Speyer den 23. April 1544. Ein Exemplar dieser Ausgabe befindet sich unter Andern auch in der Bibliothek des Königl. Kreisgerichts zu Colberg. Ein unveränderter Abdruck dieser Ausgabe ist 1728 zu Lübeck erschienen. Die Revision des Lübischen Rechts von 1586 ist zuerst und allein durch den Druck publizirt worden. Das revidirte Lübische Recht von 1586 bildet diejenige Form, in welcher das Lübische Recht in den mit diesem Rechte bewidmeten Städten zur Anwendung kommt, wiewohl die Verleihungen des Lübischen Rechtes an die gedachten Städte mehrere Jahrhunderte zuvor stattgefunden haben. Es ist anzunehmen, daß für die betr. Städte durch die in Bezug auf die Anwendung und Uebung des Lübischen Rechts aus Greifswald eingeholten Weisungen das revidirte Statut von 1586 im Laufe des 17. Jahrhunderts zur Geltung gelangt ist. Denn durch Vertrag Herzogs Philipp Julius mit der Stadt Greifswald vom 7. Mai 1606 § XI ist auf den Inhalt des im Drucke publizirten Lübischen Rechts (1586) verwiesen. — (Erk. d. Ober=Tribunals Berlin v. 1. Nov. 1878, Entsch. Band 82 S. 144.) —

Es haben sich im Laufe der Zeit vielfache Abänderungen in den einzelnen Materien des Lübischen Rechts ausgebildet und es ist auch in den betreffenden Städten keineswegs in seinem ganzen Umfange in Kraft. Die Abweichungen lassen sich jedoch auf eine allgemeine Regel nicht zurückführen und es mußte daher bei jeder einzelnen Stadt den Abweichungen Rechnung getragen werden. Es ist auch ein unbezweifelter Rechtsgrundsatz, daß das Lübische Recht nur in so weit und in denjenigen Materien Anwendung findet, in welchen dasselbe angenommen ist und sich in den einzelnen Städten als Observanz erhalten hat. — Präjudikat des Königl. Ober=Tribunals v. 27. September 1844, Entsch. Band 10 S. 234:

> In denjenigen pommerschen Städten, welche mit dem Lübischen Rechte in seinem ganzen Umfange ausdrücklich beliehen sind, braucht die Rezeption der einzelnen Vorschriften desselben nicht besonders nachgewiesen zu werden, sondern muß umgekehrt derjenige, welcher die Nichtanwendbarbeit einzelner Vorschriften behauptet, beweisen, auf welche gesetzliche Weise sie außer Kraft gesetzt seinen. (cf. auch Präjudikat v. 20. Juli 1846, Entsch. Band 13 S. 384.)

Das Lübische Recht erstreckt sich hauptsächlich auf die deutschen

Städte in dem wendischen Landstriche von der Elbe längs der Ostsee bis zur Weichsel. Es ist eingeführt und gilt außer in Lübeck selbst noch jetzt in folgenden Städten und den dazu gehörigen Eigenthums- oder Kämmereidörfern:

A. in der Provinz Pommern: 1. Anklam, 2. Barth, 3. Bergen a./Rügen (nur in Erb- und Sterbefällen), 4. Bahn (nur in Bezug auf die Intestaterbfolge und das eheliche Güterrecht), 5. Bärwalde, 6. Belgard, 7. Bublitz, 8. Cammin, 9. Cörlin, 10. Cöslin, 11. Colberg (mit folgenden Kämmereidörfern: Altbork, Altwerder, Bodenhagen, Bullenwinkel, Büssow, Deep, Gribow, Henkenhagen, Groß Jestin, Mohrow, Necknin, Nehmer, Neubork, Neuwerder, Sellnow, Semmerow, Simötzel, Spie, Wilhelmsberg); 12. Daber, 13. Damgarten, 14. Demmin, 15. Freienwalde, 16. Greiffenberg, 17. Gartz auf Rügen (nur in Erb- und Sterbefällen), 18. Greifswald, 19. Greifenhagen (nur in Bezug auf die Intestaterbfolge und das eheliche Güterrecht), 20. Gollnow, 21. Grimmen, 22. Gützkow, 23. Jarmen (Intestaterbfolge und ehel. Güterrecht), 24. Labes (Intestaterbfolge und ehel. Güterrecht) 25. Lassahn, 26. Loitz, 27. Massow, 28. Naugard, 29. Neustettin, 30. Neuwarp (Intestaterbfolge und Güterrecht), 31. Pencun, 32. Plathe, 33. Pollnow, 34. Polzin, 35. Ratzebuhr, 36. Regenwalde (Intestaterbfolge und Güterrecht), 37. Rügenwalde, 38. Rummelsburg, 39. Schlawe, 40. Stargard i./Pomm., 41. Stolp, 42. Stralsund, 43. Swinemünde (Intestaterbfolge und Güterrecht), 44. Tempelburg, 45. Treptow a./R., 46. Treptow a. d. Tollense, 47. Triebsees, 48. Ueckermünde (Intestaterbfolge und Güterrecht), 49. Usedom, 50. Wolgast, 51. Wollin (Intestaterbfolge und Güterrecht), 52. Wangerin, 53. Zanow.

(In den Pommerschen Städten Franzburg und Richtenberg ist das Lübische Recht nicht zur Einführung gekommen und gilt gemeines Recht).

In Vorpommern, welches nach dem Aussterben der pommerschen Herzöge 1637 bis 1814 in schwedischem Besitz blieb, gilt als subsidiäres Recht das gemeine deutsche, beziehentlich römische Privatrecht noch gegenwärtig, dagegen in Hinterpommern und Altvorpommern das Allgemeine Preußische Landrecht.

In den früher zur Neumark gehörigen Pommerschen Städten Callies, Dramburg, Falkenburg, Nörenberg und Schivelbein gilt das neumärkische Provinzial-Recht.

In folgenden Pommerschen Städten: Stettin, Pölitz, Pyritz, Damm, Garz a. O. und Pasewalk gilt Magdeburger Recht und Stettiner Statutarrecht; in Lauenburg, Bütow und Leba gilt nach Aufhebung des westpreußischen Landrechts von 1721 durch Gesetz vom 4. August 1865 das Allgemeine Preußische Landrecht.

B. in dem Großherzogthum Mecklenburg: 1. Boitzenburg, 2. Criwitz, 3. Dömitz, 4. Goldberg, 5. Grabow, 6. Gadebusch, 7. Gnoyen, 8. Grevismühlen, 9. Alt-Kalden, 10. Neu-Kalden, 11. Kröpelin, 12. Lübs, 13. Marlan, 14. Neustadt, 15. Parchim, 16. Plau, 17. Penzlin, 18. Rostock, 19. Ribnitz, 20. die Schwerin'sche Neustadt oder Schelfe, 21. Sülz, 22. Schwan, 23. Tessin, 24. Wismar, 25. Wittenberge, 26. Warnemünde, 27. Waren, 28. das Dorf Dierhagen.

C. in Sachsen-Lauenburg: 29. Möllen, 30. Bergedorf.

D. in dem Herzogthum Schleswig: 31. Tundern, 32. Burg auf Fehmarn.

E. in dem Herzogthum Holstein: 33. Crempe, 34. Glückstadt, 35. Heiligenhafen, 36. Itzehoe, 37. Kiel, 38. Lütjenburg, 39. Neustadt, 40. Oldenburg, 41. Oldesloe, 42. Plön, 43. Rendsburg, 44. Segeberg, 45. Wilster.

F. in dem Königreich Preußen: 46. Memel.

G. in Westpreußen: 47. Elbing, 48. Braunsberg, 49. Frauenberg, 50. Dirschau, 51. Hela.

H. in Liefland: 52. Reval.

Geltung und Anwendung des Lübischen Rechts.

Was nun die Herrschaft des Lübischen Rechts anbetrifft, so waren und sind noch heute demselben nicht alle Gerichtseingesessenen der Ortschaften Lübischen Rechts ohne Weiteres unterworfen. Das Lübische Recht findet nur Anwendung auf die Grundstücke, welche in Städten Lübischen Rechts und den zu denselben gehörigen sogenannten Kämmereidörfern liegen, sowie auf die Personen, welche der städtischen Gerichtsbarkeit angehörten und nicht von derselben eximirt waren.

Nichtanwendbarkeit des Lübischen Rechts auf eximirte Gerichtseingesessene.

Nach der Verordnung vom 2. Januar 1849 § 9 ist zwar der eximirte und privilegirte Gerichtsstand aufgehoben, aber zugleich § 15 bestimmt, daß, so lange noch statutarische Rechte bestehen, welche auf die nach den seitherigen Bestimmungen vom ordentlichen Gerichtstande eximirten Personen und Sachen nicht Anwendung gefunden haben, diese Anwendung auf solche Personen und Sachen ferner ausgeschlossen bleibt.

Die in der Allgemeinen Preußischen Gerichtsordnung von 1793 ausgesprochene Standes-Exemtion ist daher in

Erbsachen noch heute gültig nach Maßgabe der nachstehenden Vorschriften:

Titel II. Theil I. Allg. Gerichtsordnung.

§ 43. Zu denjenigen Personen, deren persönlichen Gerichtsstand die Gesetze nach dem Stande, dem Amte oder der Würde, welche sie bekleiden, bestimmt haben, gehören die Geistlichen, die Militair- und die Civilbeamten des Staats.

§ 44. Diese Personen sind von der Jurisdiktion des für ihren Wohnort zunächst und unmittelbar bestellten Gerichts ausgenommen, und werden daher Eximirte genannt.

§ 45. Bischöfe, Prälaten, Domherren, Vikarien, Offizialen, Aebte und Aebtissinnen, Prioren und Priorinnen, Pröbste, Superintendenten, Präpositi, Erzpriester, Kanonici, Konvertualen beiderlei Geschlechts, Pfarrer und Prediger, ohne Unterschied der Religionspartei, ingleichen die Vorgesetzte und Lehrer akademischer und anderer Gymnasien und sogenannten gelehrten Schulen, sind in der Regel dem Landesjustizkollegio der Provinz unterworfen.

> Anhang zur Gerichtsordnung § 11: Zu den Eximirten gehören auch alle Schullehrer, welche studirt haben, und nach vorhergegangener Prüfung der oberen Behörden zum wissenschaftlichen Unterricht der Jugend bestellt worden sind. Jedoch bleibt es den Obergerichten überlassen, die Gerichtsbarkeit über solche Schuldbediente nach Bewandniß der Umstände in einzelnen Fällen den Untergerichten zu übertragen.

§ 46. An Orten, wo den Magisträten Konsistorialrechte verliehen sind, oder wo es durch besondere Privilegia, oder vermöge einer rechtsbeständigen Observanz wohl hergebracht ist, bleiben die von solchen Magisträten berufenen protestantischen Prediger und Schullehrer ihrer Gerichtsbarkeit unterworfen.

§ 47. Kantores, Organisten, Küster, Kirchenknechte, Todtengräber, und andere ihnen gleich zu achtende niedere Kirchenbediente, ingleichen die Schulmeister und Lehrer in den sogenannten gemeinen Schulen, sowohl in den Städten, als auf dem platten Lande, haben nicht die Rechte der Eximirten, sondern stehen unter den ordentlichen Gerichten ihres Wohnorts.

§ 48. Die in wirklichen Militairdiensten stehenden Ober- und

Unteroffiziere und Soldaten, ingleichen die zum Unterstabe gehörigen Personen, z. B. Regimentsquartiermeister, Prediger, Auditeurs, Feldscherer, Stallmeister oder Bereiter, Küster, Fahnenschmiede u. s. w., haben ihren persönlichen Gerichtsstand unter den Regimentsgerichten.

Anhang § 12: Der Militairgerichtsstand in allen Angelegenheiten der bürgerlichen Gerichtsbarkeit ist aufgehoben. Die Offiziere vom höchsten bis zum untersten Grade, ingleichen die Unterstabs=Bedienten und andere im Range ihnen gleich zu achtende Militairpersonen, ihre Frauen und Familien, haben ihren persönlichen Gerichtsstand bei dem Obergericht der Provinz.

Anhang § 13: Feldwebel, Wachtmeister, Feuerwerker, Portepée=Fähnriche, Unteroffiziere und Gemeine, Kompagnie=Chirurgen, Stallmeister, Küster, Fahnenschmiede u. s. w. sind, in so fern sie nicht wegen ihres Standes einen andern Gerichtsstand haben, der Gerichtsbarkeit der Untergerichte der Garnisonstadt untergeordnet.

Eine gleiche Bewandniß hat es mit den in der Garnisonstadt sich aufhaltenden Frauen und Familien solcher Militairpersonen. Wohnen die Frauen und Familien aber an einem anderen Orte, so bleiben sie nach Vorschrift des Allgemeinen Landrechts Thl. II Tit. X § 43 unter der Gerichtsbarkeit ihres Wohnortes.

§ 51. Die Mitglieder und Subalternen des Oberkriegskollegii stehen, in so fern sie nicht etwa außerdem mit einem Militaircharakter als Offizier bei der Armee versehen sind, unter der Jurisdiktion des Kammergerichts.

§ 53. Sämmtliche zum Civilstande gehörige Königliche in wirklichen Diensten stehende, oder Titularräthe und Beamte sind als Eximirte zu betrachten, und gehören, als solche, unter das Obergericht der Provinz, ohne Rücksicht auf den ihnen sonst beigelegten höheren oder geringeren Rang, und ohne Unterschied: ob sie zum Hofstaat, oder einem der Landesdepartements gehören. Die Ausnahmen sind § 78 u. f. enthalten.

§ 54. Königliche Pächter können auf diese Exemtion nur alsdann Anspruch machen, wenn sie mit einem Charakter begnadigt worden, oder doch als Generalpächter den Namen Königlicher Beamten führen.

§ 55. Justizkommissarii und Notarii, die bei dem Landesjustizkollegio einer Provinz ordentlich recipirt und immatrikulirt worden, gehören zu den persönlich Eximirten.

§ 57. Die Subalternen der landschaftlichen Institute und Kredit=

systeme sind für Eximirte zu achten, und also dem Obergerichte der Provinz unterworfen.

§ 58. In Ansehung der Königlichen Bedienten niederen Ranges steht es den Obergerichten, unter Genehmigung der vorgesetzten Behörde, frei, den gewöhnlichen Gerichten jeden Orts die Gerichtsbarkeit über sie, in allen ihren Dienst nicht betreffenden Rechtsangelegenheiten ein für allemal zu übertragen; insofern dies nicht durch allgemeine Verordnungen, wie z. B. in Ansehung der Postillons und geringeren Forstbedienten, bereits geschehen ist.

§ 60. Auswärtiger Staaten wirkliche oder Titularbediente, insofern dieselben überhaupt in Königl. Landen belangt werden können, sind als Eximirte zu betrachten, und gehören unter diejenigen Gerichte, welchen Königliche Bediente von gleichem Range unterworfen sind.

§ 73. Die Mitglieder und Offizianten der Akademie der Wissenschaften und der Künste, die bei Ritterakademien angestellten Stallmeister und Bereiter, ingleichen die zum Königlichen Theater oder zur Kapelle gehörenden Personen, sowie die Mitglieder des Berliner Nationaltheaters, sind als Eximirte zu betrachten.

> Anhang § 23. Zu den Eximirten gehören auch die Inspektoren, Kommissarien und Kontrolleurs in den Landarmen- und Invalidenhäusern.

§ 74. Diejenigen, welche akademische Würden nach vorhergegangener gesetzmäßiger Prüfung erlangt haben, Doktoren, Licentiaten, Magister 2c., sind der Regel nach von den gewöhnlichen Gerichten ihres Wohnorts ausgenommen, und stehen, wenn sie sich auf Universitäten aufhalten, unter dem akademischen, sonst aber unter dem Obergerichte der Provinz.

§ 75. Die Professoren sind als Königliche Bediente zu betrachten; bleiben aber, so lange sie in wirklichen Diensten stehen, dem akademischen Gerichte unterworfen.

§ 76. Studenten stehen, während ihres Aufenthalts auf Universitäten, unter dem akademischen Gerichte. Nach geendigten Studien aber können sie auf keine Exemtion Anspruch machen; sondern bleiben dem Gerichtsstande ihrer Herkunft oder ihres Wohnorts so lange unterworfen, bis eine Veränderung desselben durch die Geschäfte, denen sie sich widmen, veranlaßt wird.

§ 77. Von allen vorstehend benannten Eximirten des Geistlichen und des Civilstandes gilt die Vermuthung, daß sie dem Obergerichte der Provinz, in welcher sie sich befinden, unterworfen sind.

§ 78. Wenn ein Eximirter Handlung oder andere bürgerliche Gewerbe treibt, so kann er in allen daraus entspringenden oder damit in Verbindung stehenden Streitigkeiten, von seiner Exemtion keinen Gebrauch machen.

§ 80. Der bloße Titel eines Kommerzien- oder Geheimen-Kommerzien-Raths wirkt, so lange der damit Begnadigte die Handlung fortsetzt, keine Exemtion, wenn er aber dieselbe ganz niederlegt, so hat er mit andern Königl. Titularbedienten gleiche Exemtionsrechte.

§ 83. Wenn ein Eximirter in Ansehung der Bedienung, wodurch er diese Qualität erlangt hat, auf sein Ansuchen, oder sonst in Gnaden, seine Dimission mit Beibehaltung seines Charakters erhält, so wird dadurch seine Exemtion nicht aufgehoben. Besonders stehen gewesene Referendarii bei Landeskollegiis, wenn ihnen dieser Charakter bei ihrer Entlassung nicht ausdrücklich vorbehalten worden, so lange sie aus keinem andern Grunde auf die Exemtion Anspruch machen können, unter den gewöhnlichen Gerichten ihren Wohnortes.

§ 107. Der dingliche Gerichtsstand erstreckt sich auf alle unbewegliche Sachen ohne Ausnahme.

§ 108. Vermöge dieses dinglichen Gerichtsstandes sind der unmittelbaren Jurisdiktion der Landesjustizkollegien untergeordnet: sämmtliche geistliche, ritterfreie und zu adelichen Rechten verliehene Güter und Grundstücke der Universitäten und anderer gelehrten Schulen.

§ 109. Wenn der Eigenthümer eines der unmittelbaren Gerichtsbarkeit eines Obergerichts unterworfenen Grundstücks auf demselben wohnt, so hat er, selbst wenn er sonst nach seiner Geburt, seinem Stande, oder seinem Charakter unter dasselbe nicht gehören würde, dennoch bei diesem Obergerichte auch seinen persönlichen Gerichtsstand. Doch fällt dieser persönliche Gerichtsstand weg, sobald der Eigenthümer seinen ordentlichen Wohnsitz unter einer andern Jurisdiktion aufschlägt, oder das Grundstück veräußert.

> Anhang § 33. Ein Ehemann, welcher auf dem seiner Ehefrau zugehörigen Grundstücke wohnt, kann, wenn er sonst für seine Person nicht eximirt ist, auf den unmittelbaren Gerichtsstand unter dem Obergerichte keinen Anspruch machen.

§ 110. Wenn von den Regeln in Ansehung des dinglichen Gerichtsstandes (§§ 5. 32. 107. 108) eine Ausnahme behauptet wird, so muß dieselbe durch Statuten oder Provinzialgesetze, oder durch besondere Privilegia begründet werden.

§ 111. In dem Gerichtsstand der Sache können nur Klagen, bei welchen ein dingliches Recht auf die Sache zum Grunde liegt, nicht aber bloß persönliche angestellt werden.

Bei Beurtheilung der Exemtion in güterrechtlicher Beziehung ist jedoch die Zeit der Eheschließung und die Einnahme des ersten Wohnsitzes nach geschlossener Ehe maßgebend. Die Exemtion muß schon zu diesem Zeitpunkte bestanden haben.

Ist die Exemtion der Eheleute bezw. des Ehemanns erst zu späterer Zeit erfolgt, so ist dies ohne Einfluß. In Bezug auf solche Gerichts-Eingesessene, bei welchen eine Veränderung ihres Wohnorts vorliegt, bestimmt das

Allg. Landrecht Theil II. Titel 1. § 350.

„Durch Provinzial-Gesetze und Statuten wird die Gemeinschaft der Güter nur alsdann begründet, wenn an dem Orte, wo die Eheleute, nach vollzogener Heirath, ihren ersten Wohnsitz nehmen, dergleichen Gesetze vorhanden sind."

§ 351. Die Veränderung dieses ersten Wohnsitzes verändert in der Regel nichts an den Rechten, welchen sich die Eheleute vorher unterworfen haben.

Nichtanwendbarkeit des Lübischen Rechts auf solche Gerichtseingesessene, welche die Gemeinschaft der Güter vor Eingehung der Ehe durch Vertrag ausgeschlossen haben.

Aber auch auf andere Personen als Eximirte und resp. die vorstehend Angeführten finden die güterrechtlichen Bestimmungen des Lübischen Rechts keine Anwendung, wenn sie nach den Vorschriften des Allgemeinen Landrechts die Gemeinschaft der Güter und des Erwerbes vor Eingehung der Ehe durch Vertrag gerichtlich ausgeschlossen haben. In diesem Falle treten in Bezug auf das Güterrecht und die Erbfolge die subsidiären Bestimmungen des Allgemeinen Landrechts ein. (v. Kamptz Jahrb. Bd. 49, S. 405; Mevius ad I. 5, Art. 5.)

Es gründet sich diese Ausnahme auf folgende Vorschriften:

Allg. Landrecht Theil II Titel 1.

§ 412. Die Gemeinschaft der Güter oder des Erwerbes kann durch Verträge vor der Heirath ausgeschlossen werden.

§ 413. Während der Ehe hingegen findet die Aufhebung einer solchen auf Provinzialgesetze oder Statuten sich gründenden Gemeinschaft, auch mit Bewilligung beider Eheleute, in der Regel nicht statt.

§ 414. Selbst Minderjährige können eine solche Gemeinschaft, in so fern dieselbe durch Verheirathung einmal entstanden ist, nach erlangter Volljährigkeit nicht widerrufen.

§ 415. Inwiefern aber die Entstehung der Communion bei Verheirathung minderjähriger Pflegebefohlener weiblichen Geschlechts ausgesetzt bleibe, ist gehörigen Orts bestimmt. (Tit. 18 Abschn. 8 Thl. II A.L.R.)

Allg. Landrecht Theil II Titel 18.

§ 780. Wenn an Orten, wo die Gemeinschaft der Güter unter Eheleuten nach Provinzialgesetzen oder Statuten eingeführt ist, ein Pflegebefohlener männlichen oder weiblichen Geschlechts noch während der Lebenszeit des Vaters verheirathet, und dabei die Gemeinschaft durch Vertrag gesetzmäßig nicht ausgeschlossen worden: so können der Vormund und das vormundschaftliche Gericht die Fortsetzung derselben nicht hindern.

Suspendirung des Lübischen Güterrechts bei Ehen, die während der Dauer der Vormundschaft geschlossen worden sind.

§ 782 A.L.R. II. 18: Wird die Ehe erst während der Vormundschaft geschlossen: so bleibt die Gemeinschaft bis nach erfolgter Aufhebung der Vormundschaft ausgesetzt.

§ 785. Ist die Gemeinschaft ausgesetzt geblieben: so muß das Gericht, gleich nach aufgehobener Vormundschaft, die gewesene Pflegebefohlene vernehmen: ob sie in dergleichen Gemeinschaft mit dem Ehemann zu treten gesonnen sei.

Bemerkung: Nur ein weiblicher Pflegebefohlener, nicht ein männlicher, ist zu vernehmen.

Reskript vom 14. August 1820 (Jahrb. Bd. XVI S. 34).

§ 786. Der Richter muß ihr alsdann ihre Gerechtsame, die Folgen der einzugehenden Gemeinschaft, und die Nothwendigkeit einer öffentlichen Bekanntmachung, wenn sie ausgeschlossen werden solle, gehörig erklären.

§ 789. Trägt die gewesene Pflegebefohlene auf die Ausschließung der Gemeinschaft an: so muß wegen der Bekanntmachung das Erforderliche sofort verfügt werden.

§ 790. Willigt sie in die Gemeinschaft, so erstrecken sich die Wirkungen derselben auf den Anfang der Ehe zurück.

Bemerkung: Es werden Zweifel darüber gehegt, ob diese landrechtlichen Vorschriften nach der neuen Vormundschaftsordnung vom 5. Juli 1875 noch zu Recht bestehen oder als aufgehoben zu betrachten sind. In der Praxis werden gedachte landrechtliche Vorschriften nach wie vor als gültig angesehen und beobachtet.

Der § 102 der Vorm.-O. lautet:

„Die Vorschriften des gemeinen deutschen Rechts, des Allgemeinen Landrechts und der Allgemeinen Gerichtsordnung für die Preußischen Staaten, des Rheinischen Civilgesetzbuchs und der in den einzelnen Landestheilen geltenden Ordnungen und Gesetze über das Vormundschaftswesen, welche in diesem Gesetze nicht ausdrücklich aufrecht erhalten sind, werden aufgehoben."

Der Professor Dernburg sagt in seinem Werke: „Das Vormundschaftsrecht der Preußischen Monarchie nach der Vormundschaftsordnung vom 5. Juli 1875. Berlin 1875. Verlag von J. Guttentag (D. Collin)" S. 20: „Das Gesetz hebt die Normen über „das Vormundschafts-„wesen" auf. Dies bedarf der wissenschaftlichen Interpretation. „Da das Gesetz eine Definition der Vormundschaft nicht giebt, so „muß hierbei die Gesammtheit seines Inhalts maßgebend sein.

Dernburg interpretirt ferner S. 21 den § 102 der Vorm.-O. dahin: 2) „Ungeändert sind die bisherigen Rechtsnormen über das „Verhältniß des Mannes zu seiner Ehefrau und über die Frage, „unter welchen Umständen das obervormundschaftliche Gericht hier ein-„zugreifen hat." Ferner Seite 201: „Dem A.L.R. waren noch „eigenthümlich folgende Bestimmungen. Verheirathete sich ein Mündel „an einem Orte, an welchem die eheliche Gütergemeinschaft stattfand, „so sollte die Gemeinschaft zunächst ausgeschlossen bleiben, ohne daß „es der sonst erforderlichen öffentlichen Bekanntmachung in diesem „Falle bedurfte (A.L.R. II. 18 § 780 ff.). Doch konnte der Vor-„mund mit Einstimmung des Vormundschaftsgerichts auf die Aus-„setzung der Gemeinschaft verzichten. Es galt dies für männliche wie „für weibliche Mündel. Sind diese Bestimmungen durch die Vormund-„schaftsordnung aufgehoben? Es ließe sich dagegen anführen, daß sie „sich auf dem Gebiete des ehelichen Güterrechts bewegen, indem sie die

„gesetzlichen Voraussetzuugen des Eintritts der Gütergemeinschaft fest„stellen u. s. w.

Der Kreisgerichtsrath Wilhelm Lyon sagt in seinem Werke: „Geharnischte Streifzüge in die Vormundschaftsordnung", Berlin 1879. Verlag von H. W. Müller. S. 24: „Da mag — um nur einige „eklatante Punkte hervorzuheben — auf jene von der juristischen „Controverse schon gewaltig breitgetretene Frage über die fernere „Geltung derjenigen landrechtlichen Vorschriften (§§ 782 ff., II. 18 „A.L.R.) verwiesen werden, nach welchen für weibliche, in das Joch „der Ehe tretende Pflegebefohlene in den Gütergemeinschafts-Provinzen „die Gemeinschaft der Güter suspendirt bleibt. Wieviel „Federn haben sich schon an dieser Frage stumpf geschrieben! Sechs „verschiedene Meinungen (Gruchot XX. S. 23, 504, 699 ff. u. 733) „haben bis jetzt jene Frage mit etlichen Amendements bejaht resp. „verneint. Während die Wissenschaft und die Praxis sich abmüht, „Lücken zu stopfen und Ecken abzuschleifen, stehen die wichtigsten „Interessen auf dem Spiele." —

Die noch bestehende Gültigkeit des Lübischen Rechts in Bezug auf einzelne Rechtsmaterien.

Für alle die von dem ehelichen Güterrecht und Erbrecht des Lübischen Rechts ausgenommenen Personen gelten die Vorschriften der §§ 205—344 Thl. II Titel I und §§ 271 ff. Thl. II Titel II des subsidiären Allgem. Preuß. Landrechts.

Darnach erhält der überlebende Ehegatte, wenn er mit Deszendenten erbt, nur Kindestheil, nie aber mehr als ein Viertel.

Aus dem Lübischen Rechte sind die Vorschriften und Rechtsmaterien hinsichtlich der Bauanlagen und einzelner dinglicher Rechte und Pflichten von Grundstücken sowie hinsichtlich des ehelichen Güterrechts und Erbrechts für die betreffenden Grundstücke und Einwohner noch heute zu Recht bestehend und maßgebend. Im Uebrigen sind jedoch, abgesehen von den mit den Grundsätzen des Allgemeinen Landrechts übereinstimmenden und eben deshalb erledigten Vorschriften des Lübischen Rechts, viele Bestimmungen desselben in Wegfall gekommen, weil dieselben entweder der gegenwärtigen Staats- und Kommunalverfassung nicht mehr entsprechen, oder mit den gesetzlichen, auf den gesammten Staat Anwendung findenden Vorschriften im Widerspruch stehen und daher neben denselben nicht bestehen können. (Wilmowski.)

Als solche allgemein für aufgehoben zu erachtenden Vorschrifteu des Lübischen Rechts sind anzusehen:

1) die Bestimmungen über den öffentlichen Rechtszustand der Stadt Lübeck, insonderheit die Kommunalverfassung,

2) die auf die Strafgesetzgebung sich beziehenden Vorschriften, desgl. betreffend die Gerichtsordnung, Exekutions- und Konkursordnung, die Verlöbniß- und Ehesachen, das Vormundschaftsrecht, die Form und Publikation der Testamente, die Gesindeordnung, betr. die Gewerbe- und Verkehrsverhältnisse, den Vor- und Aufkauf, die Theilbarkeit der Grundstücke.

Von dem Lübischen Rechte sind hiernach nur noch gültig die in der Beilage aufgeführten Artikel aus der Materie des ehelichen Güterrechts, der Erbfolge und Bausachen.

Literatur.

Die schriftstellerischen Leistungen über das Lübische Recht seit Einführung desselben sind im Wesentlichen in folgenden bekannten, hervorragenden Werken enthalten:

1. Commentarii in Jus Lubecense a Davide Mevio Icto. et civitatis Stralsundensis Syndico. Lipsiae. Anno M.DC.XLII.
2. Joachim Luc. Stein. Abhandlung des Lübischen Rechts. 1738—1745.
3. Mehlen, die gesetzliche Erbfolge nach Lübischem Rechte. Stralsund und Greifswald bei Gottlieb Aug. Lange 1798.
4. Dr. Karl Wilh. Pauli, Abhandlungen aus dem Lübischen Rechte. Lübeck 1837, 1840, 1841. 3 Theile.
5. G. v. Wilmowski, Lübisches Recht in Pommern. Berlin 1867.

Der Kayserlichen
Freyen und des Heiligen Reichs
Stadt Lübeck Statuta und Stadt Recht.

Auffs Newe übersehen, corrigiret, und aus alter Sechsischer Sprach in Hochteudsch gebracht.

Gedruckt zu Alten Stettin, bey Andreas Kellner, 1586.

Das Lübische Recht erstrecket sich in unser Stadt und in den Steten, dar Lübisch Recht gebraucht wirt, so fern als unser und ihr Weichbild, Feldmarcke und Landtwehr reichet.

Liber Primus.

Titulus V.

De Dote ejusque Privilegiis.

Von Brautschatz und seiner befreyhung.

(I bis IV fallen fort.)

V.

Begiebt sich ein Mann mit einer Frawen in die Ehe, stirbet der Mann, und lest keine Kinder von ihr, oder das sie Schwanger sey, die Schuldt, damit er jemandt vorhafftet, kan die Wittfraw nichts hindern, sondern sie sol alles wiedernemen, was sie zu irem Manne gebracht hat, Darnach sol man von seinem Gute alle seine Schuldt bezalen, die er bei seynem Leben und in stehender Ehe gemacht, bleibet etwas übrig, wird getheilt nach der Stadt Rechte.

(VI fällt fort.)

VII.

Wird ein Mann wegen Schuldt flüchtig, hat er dann mit seinem Weibe Kinder, und ist die Schuldt bekentlich, oder wie Recht erwiesen, so sol dieselbe von jrer beiderseits Gut bezalt werden. Haben sie aber mit ein=

ander keine Kinder, und ist der Mann flüchtig, so nimpt die Fraw ihren Brautschatz, Kleider, Kleinodia, und Jungfrewlich eingedömpte, welches sie ihm zugebracht, zuvoraus, von dem andern Gute zalet man die Schultd, Es were denn, das die Fraw mitgelobet, welches doch dahin zuuorstehen, wenn sie ein Kauff Fraw gewesen, oder irer Frewlichen gerechtigkeit erinnert, und sich derselben vorziehen, so mus sie mit zalen helffen.

Zu Art. V und VII Titel V Liber I.

Diese Artikel verordnen, „daß unbeerbte Wittwen für des Mannes Schulden nicht mit dem Ihrigen auftreten dürfen, sofern sie sich nicht verbürget, oder Kaufmanns Frauen sind, die offene Laden haben."

Es nimmt also eine Wittwe, welche aus der Ehe keine Kinder hat, ihr eingebrachtes Vermögen zurück und des Mannes Schulden müssen aus dessen Vermögen bezahlt werden, weil nur alsdann, wenn die Ehe beerbt wird, communio bonorum entsteht.

(Bericht des Pommerschen Hofgerichts zu Cöslin vom 9. October 1780).

Nach Lübischem Rechte entsteht mit der Eingehung der Ehe eine durch die Geburt eines Kindes bedingte eheliche Gütergemeinschaft.

(Plenarbeschluß des Obertribunals v. 18. Februar 1839, JMBl. S. 108, und vom 14. Novbr. 1862, Entsch. Band 48 S. 185.)

Wenn eine beerbte Ehe durch Aussterben der Nachkommenschaft wieder eine unbeerbte wird, so hört für die fernere Zeit die unbedingte Gütergemeinschaft auf und die Gläubiger haben kein Recht, das Frauengut in Anspruch zu nehmen, müssen sich vielmehr dessen Absonderung ohne Verhaftung für die Schulden gefallen lassen.

Das Präjudiz des Königl. Obertribunals (Nr. 611) ist hinsichtlich der Fortdauer der Gütergemeinschaft dahin zu ergänzen: Wenn nach Verwirklichung der Gütergemeinschaft mit der Geburt eines Kindes durch Aussterben der Nachkommenschaft die Ehe wieder eine unbeerbte wird, so hört für die fernere Zeit die unbedingte Gemeinschaft auf und wird wieder eine durch die fernere Geburt eines Kindes bedingte. (Wilmowski, 1867, S. 132.)

Die im § 392 Tit. 1 Th. II des Allg. Landrechts zugelassene Güterabsonderung kommt an Orten, wo Lübisches Recht gilt, nur der unbeerbten Ehefrau zu Statten. Bei beerbten Ehen hat die Sonderung den Gläubigern gegenüber keine rechtlichen Folgen. (Gutachten der G.K. v. 22. October 1800 Nr. III, Rabe Band VI S. 332, Erk. des Ober-Trib. vom 14. November 1862, Entscheid. Bd. 48 S. 185, Striethorst Archiv Band 47 S. 166 Nr. 38, Erk. des Ober-Trib. v. 25. Februar 1867, Entsch. Bd. 58 S. 270, Striethorst Arch. Bd. 65 S. 344 Nr. 63.)

(Vergl. Art. XI.)

(VIII fällt fort.)

IX.

Kein Mann mag vorpfanden, noch vorkauffen, noch vorschencken liegende Gründe, und stehende Erbgüter, die ime von seinem Weibe zugebracht werden, ohne ihren und ihrer Kinder willen, do sie der einige hetten, Es were dann, das inen Ehehafft, gefengnus oder hungersnoth darzu dringen thete.

Zu Art. IX.

Es kann kein Mann Immobilien, die ihm von der Frau zugebracht sind, ohne ihren oder der Kinder Willen, falls sie Kinder hat, verpfänden oder alieniren, es wäre denn Ehehafte, Gefängniß oder Hungersnoth.

Plenarbeschluß des Königl. Ober-Tribunals vom 23. Januar 1843, Entsch. Bd. 10 S. 61.

Nach dem Plenarbeschluß des Ober-Tribunals vom 23. Januar 1843 (Entsch. Bd. 10 S. 61—73) ist dahin entschieden: Wo in Pommern die eheliche Gütergemeinschaft des Lübischen Rechts besteht, ist der Ehemann auch solche Grundstücke, die von ihm selbst vor Eingehung der Ehe schon besessen, oder während der Ehe von ihm erworben sind, ohne Zuziehung und Einwilligung seiner Ehefrau zu veräußern **nicht** befugt.

Es bleibt nun zu erwägen, ob auch schon in unbeerbter Ehe, wenn nach dem Präj. 611 die Gütergemeinschaft entstanden, aber erst noch durch die Geburt eines Kindes bedingt ist, die Genehmigung der Frau zum Verkaufe der Grundstücke des Mannes nöthig ist. Die Praxis nimmt dies nicht an und hat dabei für sich, daß das Lübische Recht auch sonst für die unbeerbte Ehe unbedingt von dem Systeme getrennter Güter ausgeht. (**Wilmowski** S. 142.)

(X fällt fort.)

XI.

Also auch, wan eine Fraw mit irem Mann, welcher in Schülden vortiefft, unbeerbet ist, mag sie iren Brautschatz repetiren, freyen, und aus den Gütern fördern, Wann sie aber noch in den Jaren ist, darinnen sie Kinder geberen kann, so mus gemelter Brautschatz wiederumb an gewisse örter beleget werden, und mag die Fraw davon die Jarliche abnutzung zu irem besten unvorhindert gebrauchen.

Zu Art. XI.

Es kann eine Frau, die unbeerbt, wenn maritus in Schulden vertieft ist, ihren dotem aus des Mannes Gütern repetiren. Wenn sie aber noch in den Jahren ist, daß sie Kinder bekommen kann, muß der dos anderswo sicher bestätigt werden, wovon sie die Zinsen genießet.

Hofgericht Cöslin, Bericht vom 9. Oktober 1780.

Das Allgemeine Landrecht giebt im § 392 Tit. 1 Th. II das beneficium separationis jedem der Ehegatten, sobald der andere Ehegatte mehr Schulden als Vermögen in die Ehe gebracht hat, innerhalb zweier Jahre nach vollzogener Ehe, mit den in §§ 393, 394 vorgeschriebenen Wirkungen. Das Lübische Recht gewährt dagegen nur der unbeerbten Ehefrau die Befugniß, ihr Eingebrachtes zurückzufordern, wenn der Ehemann in Schulden vertieft ist, wobei der Fall einer schon bei Eingehung der Ehe vorhanden gewesenen Ueberschuldung, wie auch das Gutachten der Gesetzkommission annimmt, nicht ausgeschlossen ist. Diese Rückforderung befreit ihr Eingebrachtes von der Verhaftung für die Schulden des Mannes nur dann, wenn sie unbeerbt bleibt. Darum soll ihr Vermögen sicher gestellt werden und sie nur die Nutzungen beziehen, sobald sie noch in den Jahren ist, in welchen sie Kinder gebären kann. Mit der Geburt eines Kindes treten die vollen rechtlichen Wirkungen der Gütergemeinschaft ein, der zugelassenen Absonderung des Vermögens der Frau ungeachtet müssen die Schulden aus diesem Vermögen berichtigt werden, dasselbe kommt in seine frühere Lage zurück und die Sache wird so angesehen, als wenn die Ehe von Anfang an beerbt gewesen wäre. Hiermit übereinstimmend bemerkt **Mevius** zu Art. XI:

quare ipsae uxores non plane libertatae sunt ab actionibus creditorum, sed ita demum; cum maneunt improles. Prole postea nata, recidunt bona et uxores in eam conditionem, ac si ante cessionem jam extitisset“, und die Gesetzkommission sagt zur Motivirung ihres Gutachtens: Dieser Artikel (XI) setzt es außer Zweifel, daß es mit der Analogie des Lübischen Rechts nicht bestehen könnte, wenn man auch den Ehemann und die beerbte Ehefrau an der im Landrecht nachgelassenen Wohlthat der Separation Theil nehmen lassen wollte. Selbst der unbeerbten Ehefrau würde dieses beneficium nur auf so lange angedeihen können, als sie unbeerbt bleibt, weil sie auf den Fall der eintretenden Beerbung zufolge des Art. XI eventualiter ex communione verhaftet bleiben soll.

Das Lübische Recht beschränkt hiernach ausdrücklich die Befugniß zur Güterabsonderung nicht blos auf die Person der unbeerbten Ehefrau, sondern auch in ihren Wirkungen. Die Sonderung hat den Gläubigern gegenüber keine rechtlichen Folgen, sobald die Ehe durch die Geburt eines Kindes nachträglich eine beerbte wird, die Bestimmung des Lübischen Rechts in Art. XI Tit. V Lib. I ist weder lückenhaft noch undeutlich, so daß die landrechtliche Vorschrift zur Ergänzung oder Erläuterung dienen könnte. Die letztere ist eine davon völlig abweichende, in das System des Lübischen Rechts nicht passende, weshalb sie für das Gebiet des Lübischen Rechts außer Anwendung bleiben muß. (Vergl. Entscheidungen Band 10 S. 71 und Gutachten des Obertribunals in der Beilage zu Nr. 33 des Justiz-Ministerialblatts für 1844 S. 2. — Erk. des Obertribunals v. 25. Febr. 1867, Entsch. Band 58 S. 270 Nr. 34.)

(XII fällt fort.)

XIII.

Es kan keine unbeerbte Witfraw nach absterben ihres Mannes aus seinen Gütern getrieben werden, sie sey dann vor allen dingen ires Brautschatzes und zugebrachten Gutes vorgnüget oder vorsichert.

Zu Art. XIII.

Es darf eine unbeerbte Wittwe nicht eher des verstorbenen Mannes Güter räumen, als bis sie ratione dotis und des Zugebrachten befriediget oder ihr solches versichert ist.

Titulus VIII.

De Praescriptionibus.

Von Vorjarung.

I.

Alles das Gut welches in diese Stadt kömpt, doch nicht über See und Sandt, und ein Mann bey sich hat Jar und Tag, mag er solches beweisen, so kan ime das niemandt mit Rechte abgewinnen, oder vor gestolen und geraubt Gut ansprechen, Doch so ferne derjenige der solch Gut ansprechen wil, auch binnen Landes gewesen.

Zu Art. I. Titel VIII Lib. I.

Die Verjährung geschiehet binnen Einem Jahr und einem Tag, sowohl

a) intuitu der Mobilien, wovon jedoch gestohlene und geraubte Sachen (Lib. III Tit. IV art. 8 u. 9) ausgenommen sind, als

b) bei Immobilien, wenn diese gehörig vor- und abgelassen sind, imgleichen Servitutibus praediorum urbanorum, auch Gebäuden, so zum Nachtheil eines Andern aufgeführt sind; das heißt auf eigenem Grund und Boden. (Entsch. Bd. 17 S. 391, und Fechtner wider Fiscus, 1856.)

Die Verjährung beginnt, wo das neue Gebäude vollständig vollendet war. (Erk. des Obertribunals, Archiv Bd. 58 S. 358.)

II.

Wann über Jar und Tag ein gebewte unangesprochen gestanden, das kan nach Jar und Tag nicht mehr angefochten werden.

Zu Lib. I Tit. 8 Art. II.

Der Art. II Tit. 8 Lib. I enthält nicht bloß eine erlöschende Verjährung gegen das Widerspruchsrecht des Nachbarn, sondern auch eine erwerbende Verjährung zu Gunsten des Bauenden. Das Präjudiz des Obertribunals vom 13. Februar 1849 — wonach die Bestimmung des Lübischen Rechts, wonach dem Fortbestehen des Gebäudes, nach Ablauf von Jahr und Tag, vom Nachbarn nicht widersprochen werden kann, keine Vorschrift über Acquisitiv-, sondern nur eine über Extinctiv-Verjährung, nämlich des nachbarlichen Widerspruchsrechts enthält — wird hiernach modifizirt. — (Präj. 2750 vom 29. Oktober 1867, Entsch. Bd. 58 S. 464.)

Titulus IX.

De Donationibus.

Von geschenkten Gaben.

II.

Wer da wil sein wol gewonnen Gudt vorgeben, der mus zuuorn seinen nehesten Erben geben 8. Schilling 4. Pfenning, Wann er auch liegende Gründe und stehende Erbe mit seinem wol gewonnenem Gute erkaufft hette, die mag er auch vorgeben, entweder vor Radtmannen, oder in seinem Testamente, so ferne er so mechtig ist, als dieser Stadt Recht mit sich bringet, Er thue nun solches auff welche art er wölle, so sol es krefftig und bestendig sein.

Zu Titel Neun.

Von geschenkten Gaben insonderheit wegen des Pflichttheils.

Artikel II

verordnet, daß den nächsten Erben acht lübische Schillinge vier Pfennige als Pflichttheil ausgesetzt werden muß. Diese Bestimmung ist nur zutreffend bei Testamenten und Verfügungen von Todes wegen. Als nächste Erben sind nur die Seitenverwandten zu verstehen, während es in Bezug auf die ab- und aufsteigende Linie hinsichtlich des Pflichttheils bei den Bestimmungen des gemeinen Rechts bewendet. Abgesonderte Kinder können nicht noch einen gemeinrechtlichen Pflichttheil beanspruchen, sondern müssen sich mit den im Lübischen Rechte ausgesetzten 8 Schilling 4 Pfennig begnügen. (Bericht des Hofgerichts Cöslin vom 9. Oktober 1780.)

Nach dem ältesten Lübischen Rechte konnte Jeder über sein gesammtes Vermögen willkürlich verfügen; das Lübische Recht kennt kein Notherben- oder Pflichttheilsrecht bestimmter naher Blutsverwandten, namentlich ist nirgends der eigenen Kinder gedacht. Es fand eine völlige Dispositionsfreiheit in Beziehung auf das Vermögen, selbst den eigenen Kindern gegenüber, Statt, dagegen war es Sitte, keinen Verwandten ganz leer ausgehen zu lassen, vielmehr jedem, und vorzugsweise den nächsten Verwandten, eine Gabe „to vrüntlicher Dächtnisse" zuzuwenden. Unter dem Ausdrucke „die nächsten Erben" sind nur diejenigen zu verstehen, welche mit dem Testator weitläufig verwandt sind, sie kommen nur vor, wo den Testirern keine Verwandte namentlich bekannt sind, wo sie keine namentlich bedenken, vielmehr ihnen ganz allgemein eine Gabe aussetzen.

Siehe Pauli, Erbrecht der Blutsfreunde und die Testamente nach Lübischem Rechte, und Wilmowski, Lübisches Recht, sowie Mevius, Comment. ad Jus Lub. Pars 2 art. 8 No. 11.

Vergleiche auch Liber II Tit. I Art. VIII Lüb. Rechts: von letzten Willen und milden Gaben.

Liber Secundus.

Titulus I.

De Testamentis et Legatis.

Vom letzten Willen und milden Gaben.

VIII.

Machet jemandt ein Testament nach ordnung Lübischen Rechtens, und er hat zuuorn eine Ehefraw gehabt, daruon noch Kinder leben, Nimpt er denn ein ander Weib, und zeuget mit derselben auch Kinder, was er alsdann seinen zuuorn abgesonderten Kindern in seinem Testament darzu giebet, es sey auch wie viel oder wenig es wölle, daran müssen sie sich begnügen lassen. Und gibt er alsdann ferner sein Gudt seiner nachgelassenen Wittfrawen und ihren Kindern, Wo ferne er ihr der Frawen nicht dabey ein vortheile macht von 8. Schillinge, 4. Pfenningen vor den Kindern, mit welchen ihr das Gut gegeben ist, so nimpt sie alsdann das halbe Gut und iren Trawring, Benennet er aber seiner Wittfrawen zuuor aus ihre Gabe oder Legatum, welche mehr werdt ist dann 8. Schilling, 4. Pfenning, so gehöret ihr nicht mehr als ein Kindestheil.

Bemerkung zu Artikel VIII.

Die Willkür eines Testators ist durch allgemein gesetzliche Bestimmungen in der Art beschränkt, daß gewisse Personen nicht ausgeschlossen werden dürfen, und wenn es geschehen, selbst wider dessen Willen von Gesetzes wegen zur Erbfolge berufen werden. Diese Personen werden Notherben oder Pflichttheilsberechtigte genannt (heredes necessarii).

Der Pflichttheil ist ein Theil dessen, was der Berechtigte gesetzlich erhalten würde, wenn kein Testament vorhanden wäre.

a. Pflichttheil des Ehegatten: Nach allgemeinem deutschen und namentlich auch nach Lübischem Rechte kann ein Ehegatte dem andern seine statutarische Erbportion einseitig nicht durch letztwillige Verfügungen weder ganz noch theilweise entziehen.

b. Pflichttheil der Kinder: Das Lübische Recht enthält keine Bestimmung über den Pflichttheil oder die Höhe des Pflichttheils **der Kinder**; es treten daher subsidiarisch die Bestimmungen des gemeinen Rechts ein. Die Pflichttheilsberechtigung bezieht sich nur auf die noch nicht abgeschichteten Kinder, nicht auch auf die bereits abgeschichteten (abgesonderten). Abgeschichtet oder abgesondert ist ein Kind, wenn es von Vater und Mutter wegen die Intestat-Erbportion erhalten hat, wenn also das gütergemeinschaftliche Vermögen dahin zur Theilung gekommen ist, daß der überlebende Ehegatte die Hälfte, die Kinder die andere Hälfte erhalten haben. Eine solche Abschichtung hat zur Folge, daß die Kinder hinsichtlich aller Ansprüche an das gemeinschaftliche Vermögen abgefunden sind. Dies ist der Zweck der Schichtung, während dem überlebenden abgeschichteten Ehegatten das freie uneingeschränkte Verfügungsrecht unter Lebenden und Todten über den ihm zugefallenen Vermögenstheil zusteht. Hieraus folgt, daß abgeschichtete Kinder einen gemeinrechtlichen Pflichttheilsanspruch nicht mehr haben. Dagegen gebührt ihnen ein Intestat-Erbrecht in den Nachlaß des abgeschichteten Vaters oder der Mutter, wenn dieselben eine spätere anderweitige Deszendenz nicht haben und Verfügungen von Todeswegen nicht getroffen haben.

Erk. des Obertribunals Berlin, Band 35 S. 115—121, 1857.

Darnach ist ein abgesonderter Sohn mit dem Anspruche auf den landrechtlichen **Pflichttheil** aus dem Nachlasse seiner im Wittwenstande nach erfolgter Absonderung verstorbenen Mutter abgewiesen.

Titulus II.

De Successionibus ab Intestato et heraeditatis divisione.

Von Successionen und Erblichen anfellen, und wie dieselben zu theilen.

I.

Wann einer stirbt, sein Gut das er nachlest, das empfahen seine nehesten Erben oder Erbnemen, Die Ersten seind des Menschen Kindere, Söhne und Töchter, Die Andern, Kindeskinder, die Dritten, Brüder und Schwester, wann sie abgesondert sein, die Vierten, Vater und Mutter, die Fünfften, halbe Brüder und halbe Schwestern, die Sechsten, Großvater und Großmutter, die Siebenden Vater- und Mutter Bruder und Schwester, die Achten, derselben Kinder, Hirrinnen seind beschlossen alle Erben und Erbnemen.

Zu Titel II Artikel I.

Die nächsten Erben eines Verstorbenen sind seine nächsten Blutsfreunde. Mit denselben konkurrirt zwar allemal der überlebende Ehegatte des Verstorbenen. Diese Konkurrenz hat der Artikel I jedoch nicht zur Voraussetzung. Derselbe handelt vielmehr von dem reinen Erbgange, von dem Anfalle einer Erbschaft nach Erbgangsrecht, nicht aus dem Grunde der ehelichen Gütergemeinschaft. Deshalb ist auch von abgesonderten Kindern und Geschwistern die Rede.

Stein: Abhandlungen des Lüb. Rechts II S. 221.

Das Lübische Recht macht acht Klassen der gesetzlichen (Intestat-) Erbfolge und eine Klasse schließt nach der Ordnung und Reihenfolge, wie sie in den Artikel I aufeinander folgt, die andere aus.

Diese acht Klassen der nächsten Erben sind folgende:

1) in der ersten Klasse stehen Söhne und Töchter;
2) in der zweiten: Kindeskinder;
3) in der dritten: vollbürtige Brüder und Schwestern eines Abgefundenen; auch Geschwisterkinder;
4) in der vierten: Vater und Mutter eines Abgefundenen;
5) in der fünften: Halbbrüder und Halbschwestern; auch deren Kinder;
6) in der sechsten: Großvater und Großmutter;
7) in der siebenten: Vaterbruder und Mutterbruder; Vater- und Mutterschwester;
8) in der achten: deren Kinder.

In dem Bericht des pommerschen Hofgerichts zu Cöslin vom 9. Oktober 1870 ist diese Reihenfolge auch in vorstehender Ordnung mit Ausnahme der achten Klasse speziell aufgeführt. Die Lübische Erbfolgeordnung weicht von dem römischen Erbrecht, das nur vier Klassen hat, wesentlich ab. Während das ältere Lübische Recht nach Artikel I die Söhne und Töchter des Erblassers den Kindeskindern vorzieht, beruft das römische Recht alle Deszendenten ohne Unterschied des Grades zur Erbfolge. Das Recht, auf Grund dessen nach römischem Recht die Kinder eines verstorbenen Sohnes oder der Tochter des Erblassers an die Stelle ihres Vaters oder ihrer Mutter bei der Erbfolge treten, wird Repräsentationsrecht genannt. Dasselbe findet nach Altlübischem Rechte gar keine Anwendung. Das gemeine Recht machte sich jedoch in diesem Punkte nach und nach in der Weise geltend, daß von dem Lübecker Rath schon 1564 der Grundsatz angenommen wurde:

„dat des verstoruenen Sohnes oder Dochter Kinder mit ehren Vader- oder „Moder-Söster oder Broder ehren Grote-Vader oder Grote-Moder guder jure „repraesentationis erwen." (Pauli S. 54).

Es wird daher nach diesem Grundsatz und nach der stets ausgeübten Praxis die erste und zweite Klasse der Kinder und der Enkel nur als eine Klasse angesehen und Kinder schließen nicht die Enkel aus. Das gemeinrechtliche Repräsentationsrecht der Geschwisterkinder ist darnach unter Aufhebung aller entgegenstehenden Gewohnheiten allgemein eingeführt. Kinder des ersten Grades, Söhne und Töchter succediren nach Köpfen, die Enkel aber nach Stämmen, sie mögen allein sein oder zugleich mit Kindern ersten Grades konkurriren. Nur eheliche Kinder beerben die Eltern. Uneheliche sind von der Erbfolge ganz ausgeschlossen. (cf. Art. IX). Mit dem von dem Lübecker Rathe angenommenen Repräsentationsrechte der Deszendenten ist aber keineswegs das römische Prinzip der Stammtheilung durchweg angenommen. Pauli S. 55.

In der dritten Klasse erben:

A. vollbürtige Geschwister eines Abgefundenen: Stirbt ein abgefundenes Kind X., ohne Kinder und Enkel zu hinterlassen, so succedirt nicht dessen Vater oder Mutter, sondern sein vollbürtiger Bruder und Schwester. In der 3. Klasse muß also der Verstorbene ein gänzlich abgefundenes Kind sein und keine Kinder und Enkel nachgelassen haben. War der Verstorbene von seinen Eltern nicht abgesondert gewesen, so succedirt ihm vermöge der Gütergemeinschaft sein Vater und seine Mutter, mit Ausschluß der Geschwister des Verstorbenen. Daher heißt es im Lübischen Recht: „die Dritten sind Bruder und Schwester, wenn sie abgesondert sind". Diese Worte: „wenn sie abgesondert sind" sind nicht von dem succedirenden Bruder oder der Schwester, sondern von dem verstorbenen abgefundenen Bruder, welchem succedirt wird, zu verstehen. Denn einem Abgefundenen succediren auch unabgesonderte Geschwister mit Ausschluß des Vaters und der Mutter. Einem Unabgefundenen hingegen succediren nicht die Geschwister, sondern die Eltern. Was die in der 3. Klasse succedirenden Personen betrifft, so succediren nicht nur die abgefundenen, sondern auch die unabgefundenen Brüder und Schwestern eines verstorbenen Abgefundenen, jedoch mit dem Unterschiede, daß a) zuerst die mitabgefundenen (Separati), und wenn diese nicht vorhanden sind, sodann b) die unabgefundenen Geschwister (non separati) zur Succession gelangen. Jedoch können in der dritten Klasse nur vollbürtige Brüder und Schwestern eines ohne eheliche Deszendenten verstorbenen abgefundenen Bruders zur Succession gelangen. Nur der vollbürtige Bruder und Schwester schließt die Eltern aus. Halbgeschwister erben nach den Eltern in der 5. Klasse.

B. vollbürtige Geschwisterkinder. Mit den vollbürtigen Geschwistern eines gänzlich abgefundenen Bruders succediren zugleich vollbürtige Geschwister-Kinder jure repraesentationis und gehen den Eltern vor. Es ist dies zwar nicht in dem Art. I Tit. 2 libr. 2 besonders bestimmt, aber der Art. 7 sagt deutlich: „Wäre aber kein abgesondertes und unabgesondertes Kind und derselben Leibeserben mehr am Leben".

Nach dem öffentlichen Attestat des Raths zu Lübeck vom 4. März 1758 ist das jus repraesentationis überhaupt in successione collateralium zu Lübeck angenommen und kraft dessen die Brüderkinder cum fratribus germanis zur Erbschaft des vollbürtigen Bruders oder Schwester beständig zugelassen worden.

Sind nur allein vollbürtige Brüder vorhanden, so succediren sie nach den Köpfen. Sind bloß Brüderkinder die nächsten Erben, so succediren sie gleichfalls nach den Köpfen, ohne Repräsentations-Recht. Konkurriren hingegen Brüder mit Brüderkindern, so succediren diese nach Stämmen.

Uebrigens geht des verstorbenen vollbürtigen Bruders-Sohn der dritten Klasse dem Vaterbruder vor, da letzterer in der 7. Klasse steht. Beide stehen zwar in demselben Grade, aber nicht in derselben Klasse.

Bei der Erbfolge der vollbürtigen Geschwister eines abgefundenen Kindes wird eine gänzliche Absonderung vorausgesetzt, d. h. in Ansehung des ganzen gemeinschaftlichen Vermögens, — und nicht blos in Ansehung der väterlichen oder mütterlichen Güter.

(cf. Mehlen, die gesetzliche Erbfolge nach Lüb. Recht. 1798.)

Unter Berücksichtigung der durch das Repräsentationsrecht bewirkten Aenderung der altlübischen Erbfolge folgen nunmehr:

1) Deszendenten mit Stammtheilung;
2) Vollgeschwister und Vollgeschwisterkinder mit Stammtheilung, wenn jedoch nur Geschwisterkinder leben, mit Kopftheilung;
3) Vater und Mutter;
4) Halbgeschwister und Halbgeschwisterkinder mit Stamm- und Kopftheilung wie zu 2;
5) Großeltern;
6) vollbürtige Oheime und Tanten;
7) halbbürtige Oheime und Tanten;
8) Vollgeschwisterenkel und zwar unbedingt da, wo gemeines Recht gilt; dagegen nach preußischem Landrechte nur dann erst in dieser Klasse, wenn sie nicht mit Geschwistern oder Geschwisterkindern zusammen in der zweiten Klasse erben;
9) vollbürtige Geschwisterkinder (Vetter und Basen) u. s. w. von Klasse 5 an nach Kopfzahl theilend.

(v. Wilmowski).

II.

Stirbet einem Manne sein Weib, und er sol theilen mit seinen Kindern, so nimpt der Mann zuuor aus seinen Harnisch und beste Kleider, was alsdann übrig bleibet, das sol er zugleich theilen mit den Kindern, nemblich, der Vater die helffte, die kinder die ander helffte.

Zu Artikel II.

Stirbt eine Frau, welche Kinder nachläßt, so nimmt der Wittwer seine besten Kleider (und Harnisch) vorweg, alles Uebrige wird zwischen dem Vater und den Kindern zur Hälfte getheilt.

(Bericht des Hofgerichts Cöslin v. 9. Oktober 1780.)

Nach dem von dem Königl. Obertribunal in Sachen Weiland wider Wodtke — 1842 — angenommenen Prinzipe ist bei der Minderjährigkeit der Wittwe eine mit ihrem Ehemanne bestandene Gütergemeinschaft, obgleich sie ein Kind erzeugt, als vorhanden nicht anzunehmen.

III.

Stirbet auch einer Frawen ihr Mann, das ihr also gebüret zu theilen mit ihren Kindern, die Fraw nimpt zuuorn ihren Trawring, was darüber ist, es sey an Kleidern oder anderen Eingethub, das sol sie zugleich theilen mit ihren Kindern, die Mutter die helffte, die Kinder die helffte.

Zu Art. II u. III.

Das Recht des Ueberlebenden bei der Theilung ist nicht aus dem Gesichtspunkte eines Erbrechts, sondern als ein Ausfluß des vermöge der Gütergemeinschaft bestehenden Gesammteigenthums angesehen. — Engelbrecht 1741. obs. 137. — Die sogenannte statutarische Portion des überlebenden Ehegatten ist nicht als ein Erbtheil desselben betrachtet, nicht als ein Anfall durch den Tod des zuerst verstorbenen Ehegatten, sondern als ein Theil des früher gemeinschaftlichen Vermögens, welchen der erstere vermöge seines früheren Gesammteigenthums bei der Theilung behält.

Zu Art. III.

Stirbt der Mann, so nimmt die Wittwe den Trauring vorweg. Von allem Uebrigen bekommt sie die Hälfte und die Kinder die andere Hälfte. In Stolpe bekommt der überlebende Ehegatte bei der Theilung mit den Kindern nichts voraus, als die gewöhnlichen Kleider, so er zur Zeit der Theilung auf dem Leibe trägt.

(Bericht des Hofgerichts Cöslin v. 9. Oktober 1780).

(IV. fällt fort.)

V.

Wann ein Mann ein Weib nimpt, und sie Kinder mit einander zeugen, stirbet die Fraw, der Mann mus theilen mit seinen Kindern, Vorehelicht er sich zum andern mal, und zeuget Kinder, stirbet die Fraw, er theilet gleicher gestalt mit den Kindern der andern, und nicht der ersten Ehe, Nimpt er zum dritten mal ein Weib, und zeuget auch Kinder mit ihr, stirbet dann die Fraw, so mus der Mann theilen mit den letzten Kindern, Würde er aber keine Kinder haben mit der letzten Frawen, stirbet alsdann der Mann, so nimpt die Fraw zuuorn ihren Brautschatz, und was sie sonsten zu jm gebracht, Hat er ihr darüber etwas gegeben, das mag sie auch behalten,

was überig sein wird, daruon nemen die Kinder erster und ander Ehe die helffte, und die Fraw die ander helffte.

Zu Art. V.

Wenn ein Wittwer, der nach vorstehendem Artikel II seine Kinder erster Ehe durch Theilung abgesondert, zur zweiten Ehe schreitet und aus dieser auch Kinder zeuget, stirbt alsdann die zweite Frau, so muß er mit denen Kindern der zweiten Ehe auf eben die Art theilen, ohne daß die Kinder erster Ehe weiter daran Theil nehmen. Ebenso auch, wenn er zur dritten Ehe schreitet.

Ist aber die letzte Ehe unbeerbt und der Mann verstirbt, so nimmt die Wittwe vorweg ihren dotem und was sie zu ihm gebracht, auch was er ihr sonst gegeben. Von dem, was alsdann noch übrig bleibt, nehmen die Kinder der vorherigen Ehen die eine Hälfte und die Wittwe die andere Hälfte.

(Bericht des Hofgerichts Cöslin v. 9. Oktober 1780).

VI.

Wann ein Mann und Fraw Kinder mit einander haben, verstirbet ihr eins, es sey Mann oder Weib, welches überbleibet, das theilet das Gut mit den Kindern, so nicht abgesondert sein, Verstürbe nun der Kinder eines, mit welchen die Eltern dermassen getheilet, ehe und zuuorn die kinder under sich selbest getheilet hetten, so vererbet dasselbe sein Theil auff die andern, welche mit ihme im gesampten Gute gesessen, zu gleichen theilen, was Alters die auch sein, jung oder alt. Hetten sich die Eltern aber nicht abgetheilet von den Kindern, so vorfellet das Gut auff die Eltern, so noch im leben.

Zu Art. VI.

Wenn aus einer Ehe Kinder nachbleiben, so theilet der überlebende Ehegatte den Nachlaß mit denen Kindern, welche nicht abgesondert sind. Stirbt nun eins derer abgesonderten Kinder, ehe und bevor die Kinder das angefallene Erbtheil unter sich selbst getheilt haben, so wird des verstorbenen Kindes Theil auf die anderen vererbt, mit welchen es in communione gewesen. Sind aber die Kinder von den Eltern durch Theilung noch nicht abgesondert, so verfällt es an die Eltern.

(Bericht des Hofgerichts Cöslin v. 9. Oktober 1780).

Präjudikat des Königl. Obertribunals v. 22. März 1852 Bd. 22 S. 420.

Solche noch nicht abgefundenen Kinder können über ihren ideellen Antheil an dem Nachlasse nicht letztwillig verfügen, sondern dieser fällt im Falle ihres Todes unbedingt den Sammtgutsgenossen, dem überlebenden Ehegatten und den Geschwistern zu, also in die gemeinschaftliche Masse. Es kann der Ueberlebende der Eltern bei deren Theilung darauf keinen besonderen Anspruch geltend machen. Wenn ein Kind nur aus dem Nachlasse des erstverstorbenen parens ein Erbtheil erhalten und hinsichtlich des Vermögens des überlebenden nicht abgefunden ist, wenn also keine Todtheilung des Sammtguts stattfand (z. B. in dem Falle des Art. II. Bemerkungen), muß dem Kinde von dem letztlebenden parens sein Erbtheil nach dem subsidiären allgemeinen Rechte belassen werden.

VII.

Seind Kinder von ihren Eltern abgesondert, und der eines ohne Leibs Erben vorstürbe, das vorerbet sein nachgelassen Gut auff seine mit abgesonderte Brüder und Schwestern. Wo aber derselben keine vorhanden, alsdann auff die unabgesonderten. Were aber kein abgesondertes oder

unabgesondertes Kindt, oder derselben Leibes Erben mehr im leben, so fellet das Gut auf die Eltern.

Zu Art. VII.

Wenn eines der abgesonderten Geschwister ohne Leibes-Erben verstirbt, erben die mit ihm abgesonderten Geschwister. Sind dergleichen nicht, so erben die unabgesonderten. Sind aber auch dergleichen oder deren Leibeserben nicht am Leben, so fällt es an die Eltern.

(Bericht des Hofgerichts Cöslin v. 9. Oktober 1780).

VIII.

Haben Mann und Weib Kinder mit einander, und werden alle in den Ehestandt begeben, stirbet der Man, die Fraw bleibt besitzen in allen Gütern, Sie mag aber derselben keine weder vorkauffen, vorsetzen noch vorgeben, ohne der Erben erlaubnus, es were denn, das sie dieselben bedürffte zu underhaldung ires Leibes, welches sie zuuorn Eidtlichen erhalten muß. Wil sie sich aber anderweit Vorehelichen, oder in ein Kloster oder Gotteshaus bekauffen, so mus sie mit den Kindern theilen.

Zu Artikel VIII.

Dieser Artikel bestimmt, daß in dem Falle, da der Mann zu einer Zeit, wenn die Kinder schon ausgestattet sind, verstirbt, die Wittwe in allen Gütern sitzen bleibe. Sie kann aber nichts daran entäußern oder verpfänden ohne der Erben Erlaubniß, es sei denn, daß sie es zum Unterhalt bedarf und dieses eidlich erhärtet. Begiebt sie sich aber in ein Kloster oder Stift, so muß sie theilen.

(Bericht des Hofgerichts Cöslin vom 9. Oktober 1780.)

Nach Lübischem Rechte wird die Gütergemeinschaft nur als eine äußere Gütervereinigung angesehen, im Gegensatze zu der Bauerordnung, wonach eine eigentliche innere Vermögensverschmelzung, eine wahre Gütergemeinschaft, eintritt. Nach Lübischem Rechte kann der Mann der Frau das Recht der nach seinem Tode fortzusetzenden Gütergemeinschaft entziehen und bestimmen, daß sie sofort nach seinem Tode theilen muß mit den Kindern.

Nach der Pomm. Bauerordnung dagegen steht dem überlebenden Ehegatten die alleinige Verwaltung und Nutzung des Sammtvermögens zu und die Dispositionsbefugniß des überlebenden Ehegatten aus der communis bonorum prorogata hat denselben rechtlichen Charakter, wie die unter den Eheleuten selbst bestehende eheliche Gütergemeinschaft.

Erkenntniß des Obertribunals Berlin vom 26. November 1866 in Sachen Strehlow wider Lenz, und vom 1. Februar 1859, Entsch. Bd. 40 S. 193.

Nach Lübischem Rechte ist die Wittwe befugt, Nachlaßforderungen bei fortgesetzter Gütergemeinschaft allein einzuklagen.

Erk. des Obertribunals vom 1. Februar 1859, Band 40 S. 195. Siehe Beilage.

Motivirte Verfügung des Königl. Kreisgerichts Colberg vom 24. Mai 1867 in der Hypothekensache des Hauses Nr. 528.

und Verfügung des Königl. Appellationsgerichts zu Cöslin vom 14. Oktober 1873 in der Amtsdiener Schulz'schen Vorm. Sache.

(siehe Beilage Nr. I. A. u. B.)

IX.

Uneheliche Kinder nemen kein Erbe, aber derselben verlassen Gut erben ire negsten Blutfreunde, die darzu gehören.

Bemerkung: Die altdeutsche Fassung in dem ursprünglichen Codex lautet:

De van ener amyen is gebohren, dene nimt neghen erve; mer sin erve nemet de negesten Maghe de darto horen;

und die lateinische:

Qui natus est de concubina, nullam percipiet hereditatem; suam vero hereditatem propinquiores sui percipient.

Zu Artikel IX Titel 2 Buch II.

Bedingung des Erbrechts ist eine gültige und rechte Ehe. Das uneheliche Kind kann nach Lübischem Rechte weder seinen Vater noch seine Mutter oder deren Verwandte (ab intestato) beerben. Dieser Rechtsgrundsatz ist altgermanischen Ursprungs und weicht von dem Römischen Rechte wesentlich ab. (Sachsenspiegel I. 38 § 1.) Die germanische Bestimmung gründet sich darauf, daß deutsche Verwandtschaft nur durch Geburt aus rechter Ehe vermittelt wird. Unehelich Geborene gehören keiner Familie an; sie haben keine Familienrechte und keinen Familienschutz und werden als Fremdlinge betrachtet. Durch Testament können Uneheliche bedacht werden. (Pauli u. Wilmowski.)

Das Pommersche Hofgericht zu Cöslin führt in dem Berichte vom 9. Oktober 1780 an, daß nach Artikel 9 „uneheliche Kinder nicht succediren", und fügt hinzu: „nämlich dem Vater." Diese Auffassung beruht jedoch auf einem Rechtsirrthum und auf einer unrichtigen Auslegung des Art. 9. Auf Grund des Artikels IX Titel II Buch II des Lübischen Rechts spricht das Erkenntniß des I. Senats des Obertribunals vom 11. Juli 1862 den unehelichen Kindern das Intestaterbrecht in den Nachlaß der leiblichen Mutter ab. Nach dem Erkenntnisse desselben Senats des Obertribunals vom 4. April 1855 (Präj. Nr. 2618, Präjudizien-Sammlung Band 2 S. 105, Entscheidungen Band 30 S. 420) beerben uneheliche Kinder derselben Mutter einander als Halbgeschwister nicht.

In dem ferneren Erkenntnisse des ersten Senats des Königl. Obertribunals vom 1. November 1878 ist nach dem in Treptow a. Rega geltenden Lübischen Rechte der uneheliche Sohn Intestaterbrechte an den Nachlaß seiner Mutter geltend zu machen nicht befugt.

(Lübisches Recht Buch II Tit. 2 Art. 9.)

(siehe Beilage II.)

Nach dem Allgemeinen Preußischen Landrechte steht dagegen dem unehelichen Kinde selbst gegen den außerehelichen Erzeuger (Vater) beziehentlich an dessen dereinstigen Nachlaß das gesetzliche Erbrecht zu; es wird bez. im Sinne des § 654 Titel 2 A.L.R. II konservirt, wenn ein urkundlich abgegebenes Anerkenntniß des Schwängerers vorliegt oder der Erblasser in einem bei seinen Lebzeiten ergangenen, wenn auch erst nach seinem Tode rechtskräftig gewordenen Urtheile als Vater des Kindes erachtet ist.

(§ 19 alin. 3 des Ges. v. 24. April 1854.)

Nach der Pommerschen Bauerordnung vom 30. December 1764 erben uneheliche Kinder wie eheliche.

Das in Erkenntnissen in Schwängerungssachen dem unehelichen Kinde in der

Regel vorbehaltene gesetzliche Erbrecht in den dereinstigen Nachlaß des Schwängerers kann nur in dem Falle eintreten, wenn dem unehelichen Kinde ein gesetzliches Erbrecht überhaupt beigelegt ist; es trifft dies jedoch auf die Gerichtseingesessenen des Lübischen Rechts nicht zu, weil nach demselben die aktive Erbunfähigkeit der unehelichen Kinder feststeht.

X.

Würde einig frembder Mann alhier in diese Stadt (oder in eine ander Stadt, welche sich Lübisch Recht gebrauchen) komen, un sich aldar setzen, und derselbige were seinen Kindern Erbschichtung zu thun schültig, Hette er nun dieselbe nicht gethan, ehe und zuuorn er in das Lübische Recht komen, so muß er nach der zeit mit seinen Kindern theilen, als Lübisch Recht außweiset. Es were denn, das er zuuorn solche Erbschichtung zu thun sich vor Radt und Gerichte an den örtern, da er theilen sollen, und ehe er sich in unser Jurisdiction gesatzt, vorpflichtet hette.

Zu Artikel X.

Wenn ein Fremder, der Kinder hat, sich unter Lübisch Recht in eine andere Stadt begiebt, ehe er mit seinen Kindern getheilet, so muß er nach Lübischem Recht theilen. Es sei denn, daß er sich zuvor vor dem Gerichte seines vorherigen domicilii zur Theilung anheischig gemachet.

(Bericht des Hofgerichts Cöslin vom 9. Oktober 1780.)

XI.

Wann Vater und Mutter Kinder haben und als denn der Eltern eines vorstirbet, seind der Kinder eines oder mehr zu ihren mündigen Jahren kommen, und wöllen ihr Erbtheil haben von dem verstorbenen Vater oder Mutter, man sol ime dasselbe nicht vorweigern.

XII.

Stirbet einem Mann sein Weib, und haben sie keine Kinder mit einander, der Mann sol der Frawen nehesten Erben wider geben den halben theil Gutes, welches er mit ihr bekommen, Gleichergestalt, stirbet der Mann, welcher mit seiner Frawen keine Kinder gezeuget, die Fraw nimpt zuuor ir zu dem Man zugebracht Gut, sofern es vorhanden ist, Do noch etwas vom Gute darüber, das sol sie zugleich theilen mit des Mannes Erben.

Zu Art. XII.

Bei unbeerbten Ehen:

a) Stirbt die Frau, giebt der Mann ihren Erben die Hälfte dessen zurück, was er mit ihr bekommen;

b) verstirbt der Mann, so nimmt die Frau zuvor ihr Zugebrachtes, sofern es vorhanden ist, und was darüber ist, theilt sie mit des Mannes Erben oder Freunden.

Nach dem besonderen statuto der Stadt Stolpe bekommen die Erben der unbeerbt verstorbenen Ehefrau auch die Hälfte dessen, was während der Ehe erworben ist.

(Bericht des Hofgerichts Cöslin vom 9. Oktober 1780).

Was während der Ehe durch Thätigkeit der Frau oder beider Eheleute erworben wurde, ist Eigenthum des Mannes und bleibt ihm allein. Die Bestimmungen der Art. 12 und 25 sind nach ihrer Wortfassung zu nehmen; sie bestimmen, daß der Mann nur die Hälfte dessen, was er mit der Frau bekommen hat, ihren Erben zu geben, alles Andere also zu behalten hat. Darnach hat der Mann den Erwerb der Eheleute während der Ehe nicht herauszugeben oder zu theilen.

XIII.

Wo Vater und Mutter vorhanden, so seind sie neher ihrer Kinder Erbe zu nemen, dann halbe Brüder und halbe Schwester. Volle Brüder und volle Schwestern aber seind neher, wann sie abgescheiden sein, denn Vater und Mutter, so ferne sie aber von den Eltern nicht abgesondert, so sind die Eltern neher, denn Brüder und Schwester.

Zu Art. XIII.

Dieser Artikel hat Beziehung zu Art. I, nämlich:

a) daß Eltern näher sind, Erbe zu nehmen, als Halbgeschwister,

b) daß volle Geschwister, wenn diese abgesondert sind, näher sind als Eltern.

Wenn sie aber von den Eltern nicht abgesondert sind, so sind sie (die Eltern) näher als die Geschwister.

(Bericht des Hofgerichts Cöslin vom 9. Oktober 1780.)

XIIII.

Stirbet jemandt ohne kündige Erben, sein nachgelassen Gudt sol man dem Radte überantworten zu bewaren, Jar und Tag, Würde sich aber binnen Jar und Tag niemandt angeben, noch wie Recht darzu zeugen lassen, so ist das Erbgudt dem Radte heimgefallen.

Zu Art. XIV.

Sind keine von den bisher gedachten Erben vorhanden, so ist der Nachlaß des Verstorbenen als erblos anzusehen und fällt dem Rath, d. h. dem Fiskus zu. Landstädten steht das Jus fisci nur zu, wenn sie es durch ein Privilegium oder unvordenklichen Besitz erworben haben. Der Fiskus, welcher den Nachlaß erhält, muß die Schulden bezahlen; jedoch nur so weit sie aus dem Nachlaß bezahlt werden können. (Mehlen §§ 49, 50.)

Der „Rath" ist der Senat der freien Reichsstadt Lübeck, aber auch andere Städte, welche mit Lübischem Rechte bewidmet, sind desselben Rechts theilhaftig an Stelle des Fiskus. Das Erbrecht auf herrenlose Verlassenschaften ist der Stadt Colberg auf Grund des Art. XIV durch die Erkenntnisse des Oberlandesgerichts Cöslin de publ. v. 10. Dezbr. 1827, des Oberlandesgerichts Stettin de publ. v. 18. Sept. 1828 und des Geh. Obertribunals de publ. v. 4. Juni 1829 in dem Prozesse Stadt Colberg wider Fiskus zugesprochen worden.

(Vergl. Beilage Nr. III. Seite 50 ff.)

(XV fällt fort.)

XVI.

Fellet einem Witwer oder einer Witwin, welche Kinder haben, Erbgut an, Oder wird inen etwas gegeben, durch was weise es sey, Oder sie sonsten gewinnen und erwerben, solches alles sollen sie mit den Kindern

zugleich theilen, doch mit diesen Kindern, welche nicht abgesondert sein, dann diejenigen, welche von den Eltern abgescheiden, haben nichts zu fordern.

Zu Art. XVI.

Was einem Wittwer oder Wittwe, die Kinder hat, noch durch Erbschaft oder sonst anfällt oder erworben wird, soll mit den Kindern, die noch nicht abgesondert sind, getheilet werden. Abgesonderte Kinder haben daran nicht weiter Theil.

(Bericht des Hofgerichts Cöslin vom 9. Oktober 1780.)

XVII.

Der Elteruater und Eltermutter seind neher Erbe zu nemen, denn Ohm und Vettern und ihre kinder, halbe Brüder und halbe Schwestern aber, seind neher denn Großuater und Großmutter, nach unserm Rechten.

Zu Art. XVII.

Elter-Vater und Elter-Mutter gehen denen Vater- und Mutter-Brüdern vor, Halbgeschwister sind näher als Groß-Eltern.

(Bericht des Hofgerichts Cöslin vom 9. Oktober 1780.)

XVIII.

Des verstorbenen voller Bruder oder Schwester-Kindt, ist neher Erbe zu nemen, als desselben verstorbenen Mutter oder Vatern-Schwester und Bruder.

Zu Art. XVIII.

Vollgeschwister-Kinder sind näher als die Geschwister der verstorbenen Eltern.

XIX.

Halb Brüder und halbe Schwester Kinder seind neher dann Vater- oder Mutter volle Brüder oder voll Schwester Kinder.

Zu Art. XIX.

Halbgeschwister-Kinder sind näher als Vaterbruder- oder Vaterschwester-Kinder.

XX.

Stirbet jemandt, es sey Man oder Weib, die da Erben haben, von beiden seiten, gleich nahe vorwandt, Seind dann dieselben Erben in gleicher anzal, so theilen sie das Erbe in zwey theil, Seind ir aber auff der einen seiten mehr denn auff der andern, so theilen sie das Erbe in capita nach Hauptzal.

Zu Art. XX.

Wenn agnati et cognati in pari gradu zu einer Erbschaft konkurriren, so ist die Erbschaft in dem Falle, da nicht aus jeder Linie ein gleicher numerus der Erben vorhanden, in capita zu theilen.

(Bericht des Hofgerichts Cöslin vom 9. Oktober 1780.)

XXI.

Stirbet einem Man sein Weib, und haben sie mit einander Kinder gezeuget, Greifft er denn zu der andern Ehe, so sol er Rechnung thun den Freunden seiner Kinder, Wil er das nicht thun, so sol man inen mit Rechte vornemen, und darzu zwingen, das er Rechenschafft thun mus, weren

auch die Kinder frembde, und hetten keine Freunde, welche die Rechenschafft befordern könten, so sol der Rath, wann inen dasselbe zu wissen gethan, und darümb ersucht werden, inen von Ampts wegen zur Rechenschafft halten, und also beschaffen, damit den Kindern das ire bleibe, Gleicher gestalt sol es auch zugehen mit der Frawen und ihren Kindern, wan ihr der Mann stirbet.

Zu Art. XXI.

Wenn der überlebende Ehegatte, welcher Kinder aus der Ehe hat, zur zweiten Ehe schreiten will, so kann derselbe gezwungen werden, seinen Kindern wegen ihres Erbtheils Rechenschaft zu thun. Gegenwärtig muß gleich nach dem Todesfall ein Inventarium errichtet werden, um das Vermögen nachzuweisen, wenngleich der Ueberlebende in gemeinem Gewinn oder Verderb sitzen bleibt. Jedoch erleidet dieses Letztere in Ansehung der Kaufleute nach dem Reskript vom 21. April 1751 p. 228 des Anhanges zum Codex eine Abänderung.

(Bericht des Hofgerichts Cöslin vom 9. Oktober 1780.)

XXII.

Volle Brüder und Schwester Kinder nemen Erbe vor halben Brüdern und Schwestern, so ferne der Erbnemenden Kinder Vater oder Mutter unabgesondert gewesen, Seind sie aber abgesondert gewesen mit ihrem theil Gutes, so ist halber Bruder und Schwester neher Erbe zu nemen, denn voller Bruder und Schwester Kinder.

Zu Artikel XXII.

Vollgeschwister-Kinder, sofern deren Vater oder Mutter unabgesondert gewesen, gehen vor Halbgeschwister.

Sind sie aber abgesondert gewesen, so sind Halbgeschwister näher, als die Kinder der Vollgeschwister.

XXIII.

Ob gleich Kindes Kinder abgesondert sein mit irem bescheidenen theil Gutes, doch seind sie neher Erbe zu nemen von ihrem Großvater und Großmutter, denn derselben Großeltern Brüder und Schwestern.

Zu Artikel XXIII.

Die Eltern sind näher zu der Großeltern Erbschaft, als der Großeltern Geschwistern.

(XXIV fällt fort.)

XXV.

Komen Mann und Weib in den Ehestand zusammen mit etzlichen Gut, wie viel auch dessen sein möge, Haben sie keine Kinder mit einander, und verarmen darzu, also das sie von blosser Hand und von newes wiederümb etwas an sich bringen und erwerben, Stirbet alsdenn die Fraw, der Man sol iren negsten Erben geben den halben Brautschatz, den er mit ihr bekomen hat, Stirbet aber der Man ehe als die Fraw, so nimpt sie iren gantzen Brautschatz zuvorn, und theilet darnach das Gut, halb und halb mit ires Mannes Erben.

Zu Artikel XXV.

Wenn Eheleute, die keine Kinder haben, verarmen, nachher aber wieder Vermögen mit einander erwerben, so soll dennoch:

a) der Mann, wenn die Frau stirbt, deren Erben den halben Brautschatz, den er mit ihr bekommen, herausgeben;

b) die Frau, wenn der Mann stirbt, ihren Brautschatz vorwegnehmen und das übrige mit des Mannes Erben theilen.

(Bericht des Hofgerichts Cöslin vom 9. Oktober 1780.)

(XXVI und XXVII fallen fort.)

XXVIII.

Vorehelicht sich eine Jungfraw oder Witfraw einem Man, und zeugen mit einander Kinder, die iren Vater überleben. Nimmt sie denn einen andern Man und zeuget auch Kinder bey ihme, und das Gut bleibet ungeschichtet und ungetheilet, Stirbet die Fraw darnach, das der Man also theilung halten mus, so sollen die ersten Kinder zuuor nemen ires Vaters Gut, irer Mutter Gut aber sollen sie mit dem andern Manne und seinen Kindern gleich theilen nach Hauptzal, Und welches der Kinder abgesondert ist mit bescheidenem Gute, das sol mit seinem theil zufrieden sein, und abgesondert bleiben, es sey gleich wenig oder viel. Ist auch dar Schuldt vorhanden, die sol man von dem gemeinen Gute zuuor bezalen. Also auch, wenn die Fraw verstirbet, und der Mann nimpt ein ander Weib, und zeuget abermals Kinder, und vorstirbet auch, so nemen die Kinder der ersten Ehe ihrer Mutter Gut, und die andere Fraw auch ihr zugebrachtes Gut, und theilen alsdann ires Vaters Gut, die Witwe mit den ersten und andern Kindern nach Hauptzal, Bleibet aber die letzte Fraw oder der letzte Man unbeerbet, und sol theilen mit den Kindern erster Ehe, so nimpt ein jedes, es sey der Man oder die Fraw, sein zugebrachtes Gut. Also auch die Kinder der ersten Ehe ires verstorbenen Vaters und Mutter Gut zuuor aus, Was alsdann von der Erbschafft wird überbleiben, das sollen sie theilen in zwey theil, die Fraw oder Man ein theil, die Kinder auch ein theil.

Zu Artikel XXVIII.

Dieser Artikel bestimmt, wie es zu halten, wenn eine Frau oder ein Mann aus verschiedenen Ehen unabgesonderte Kinder hinterlassen. Dieser Fall kann aber heut zu Tage nicht leicht vorkommen, weil gleich nach der Eltern Tod ein Inventarium errichtet wird, die Prediger auch angewiesen sind, dergleichen Eheleute nicht eher zu kopuliren, als bis der Schein produzirt wird, daß sie mit den Kindern erster Ehe auseinandergesetzt sind.

(Bericht des Hofgerichts Cöslin vom 9. Oktober 1780.)

XXIX.

Ein Man, der mit seinen Kindern theilen wil, wenn er kein Weib hat, oder aber die Kinder under sich selbst theilen wöllen, das mögen sie wol thun, doch sol eines das ander gebürlich quitiren.

Es mag auch kein Witwer ein ander Weib nemen, ohn seiner Kinder Freunde vorwissen, und seines gewesenen Weibes Freunden, Und theile denn mit seinen Kindern und seines Weibes Freunden, nach dieser Stadt Rechte, so mag er alsdann zu der andern Ehe greiffen, Also sol auch in gleichem ein Witfraw thun, wann sie zu der andern Ehe schreiten wil.

XXX.

Nach des Mannes todte, wann seine verlassene Wittfraw schwanger ist, sol sie so lange in des Mannes Gute bleiben, und aus dem gemeinen Gute nicht gewiesen werden, biß sie der Geburt genesen.

Zu Artikel XXX.

Eine schwanger nachbleibende Wittwe kann nicht aus des Mannes Gütern gewiesen werden, sondern soll darin so lange bleiben, bis sie geboren hat.

XXXI.

Sitzen Mann und Weib mit einander in der Ehe, und ihr eines, es sey der Mann oder die Fraw, zuuorn Kinder hat, und denselben were ein außspruch geschehen, von ires verstorbenen Vaters oder Mutter wegen, welcher Aussspruch ordentlicher weise für dem Radte nicht geschehen. Stirbet denn der Man, und die Fraw ist mit ihme nicht beerbet, und irrung sich erhöben, ob die Kinder mit ihrem Aussspruch, oder die Fraw mit ihrem Brautschatz in des Mannes Gütern sol vorgezogen werden, so gehet die Fraw mit ihrem Brautschatz vor den Kindern zuuorn. Gleicherweise sol es auch gehalten werden, wann ein Mann vor seinem Weibe stürbe, Ist aber der Aussspruch ordentlicher weise aus seinen Gütern vor dem Radte geschehen, so gehet Kindergeld vor Brautschatz.

(XXXII fällt fort.)

XXXIII.

Würden Eltern, so beide im leben, ire Kinder alle, oder etzliche von sich absondern, Oder aber, do eines der Eltern todt, das am leben bleibende, den Kindern vor dem Radte ein Aussspruch thun, solches sol geschehen und verstanden werden, von allem irem Gute, Väterlichen und Mutterlichen, so wol von dem Lebendigen als Verstorbenen, Und das seind und heissen nach unserm Rechten abgesonderte und abgetheilte kinder. Würden aber die kinder, ire Freunde, und Vormünder damit nicht zufrieden sein, sondern ihnen protestando entweder das Vater- oder Muttertheil außtrücklich vorbehalten, das seynd keine abgesonderte Kinder.

Zu Art. XXXIII.

Dieser Artikel bestimmt, daß wenn Eltern die Kinder bei ihrem Leben von sich absondern (id est etwas Gewisses zur Abfindung anweisen), oder wenn nach dem Tode eines der Eltern denen Kindern vor Gericht einen Ausspruch thut, so sollen die Kinder als abgesonderte angesehen werden.

Wenn aber die Kinder oder deren Freunde damit nicht zufrieden sind, sondern protestando das Vater- oder Muttergut ausdrücklich reserviret, so sind sie als abgesonderte nicht anzusehen. (Bericht des Hofgerichts Cöslin.)

Abgesonderte Kinder sind aus dem Nachlasse ihrer im Wittwenstande verstorbenen Mutter einen Pflichttheil zu fordern nicht berechtigt. Sie erben zwar ab intestato, aber sind nicht Notherben. (Erk. des Obertribunals Berlin Bd. 35 S. 115); s. auch Tit. II Art. I.

XXXIIII.

Wann ein Vater seinen Son oder Tochter zu der Ehe außstewret, mit sonderlichem bescheidenem Gute, der meinung, das also das Kindt von im sol abgetheilet und abgesondert sein. Würde damit der Son oder die Tochter neben iren Freunden und Vormundern der zeit begnüget und friedlich sein, so ist solche Person, Son oder Tochter, abgesondert und abgetheilet, es sey wenig oder viel. Die andern Kinder aber, welche mit den Eltern in gesampten Gute bleiben, die sollen haben das ander nachgelassene Gut ires Vater und irer Mutter.

Zu Art. XXXIV.

Dieser Artikel bestimmt, daß in dem Falle, da der Vater einen Sohn oder eine Tochter mit etwas gewisses zur Ehe aussteuert, in der Meinung, daß das Kind dadurch soll abgesondert sein, das Kind dadurch, wenn dieses und dessen Freunde und Vormünder damit friedlich, für abgesondert angesehen und was die Eltern behalten, auf deren übrige Kinder vererbt werden solle, welche mit denen Eltern in gesammtem Gute geblieben.

(Bericht des Hofgerichts Cöslin vom 9. Oktober 1780.)

Liber Tertius.

Titulus XII.

De Aedificiis privatorum.

Von priuat Gebewden und Bawsachen.

(Drittes Buch. Titel 12.

Von Privat-Gebäuden und Bau-Sachen

gilt nur noch dasjenige, was Art. III. IV. V. VI. VII. VIII. X u. XIV enthalten ist.)

(I und II fallen fort.)

III.

Wann jemandt Bawen wil, der sol auff seinem Grunde und Bodem bleiben, und seine Fundament also legen und fassen, das er seinem Nachbar nicht zu nahe sey, und keinen schaden oder nachtheil zufüge, darbei allezeit die Alter Leute der Zimmer und Maurerleut erfordert werden, damit dem nicht zuwider gehandelt.

Zu Art. III und VII.

Die Vorschriften des Allgemeinen Landrechts über den bei Errichtung neuer Gebäude zu beobachtenden Abstand von den nachbarlichen Grundstücken kommen, wo Lübisches Recht gilt, nicht in Anwendung.

Präjudiz des Königl. Obertribunals v. 27. Sept. 1844 (Bd. 10 S. 235.)

Die Bestimmung des Art. III u. VII Titel 12, daß der Bauende seinem Nachbar nicht zu nahe baue, hindert denselben nicht, bis an die Grenze zu bauen.

Präjudiz des Obertribunals v. 24. Oktober 1840.

IIII.

Gehöret irer zweyn eine Mauren auffzufüren, das sollen sie thun auff gleichen unkosten, Wil aber der eine höher oder lenger fahren, als der

ander, das stehet ime frey, doch auff sein eigen unkosten, und auff seiner Grundtseiten, seinem Nachbarn ohne schaden und nachtheil.

V.

Würde auch befunden, das eine gemeine Brandtmawer zwischen zweyen Nachbarn notwendig müste gebawet werden, wil der eine bawen, der ander aber nicht, so ist derjenige, der sich vorweigert, seiner Mauern gerechtigkeit vorlustig, soferne er es ime durch zwene besessene Bürger ein Jar zuuorn ankündigen lassen, und der ander mag die Mauren wiederumb außführen, und zu seinem besten allein gebrauchen, Würde er aber in Jar und Tage seinem Nachbar den halben unkosten wiederümb erstatten, so hat er macht wiederumb in seine alte Gerechtigkeit zu treden, Die gemeine Glinde aber oder Schedelmauren sein beide Nachbarn, so offt es die noth erfordert, zugleich auffzubawende schüldig.

Zu Art. IV und V.

In einem solchen Falle, wenn das Bedürfniß zur Erbauung einer neuen Brandmauer nicht durch deren Verfall, sondern durch den von dem einen Nachbar beabsichtigten Neubau seines Hauses hervorgerufen ist, ist der Art. V Lib. 3 Tit. 42 des Lübischen Rechts selbst dann nicht anwendbar, wenn dieser Neubau nothwendig ist.

Nach allgemeinen Rechtsgrundsätzen über das Miteigenthum und namentlich über das Miteigenthum an einer gemeinschaftlichen Brandmauer steht dem einen Miteigenthümer nicht das Recht zu, einseitig über die Substanz derselben zu verfügen und sie namentlich bis zur Hälfte ihrer Dicke abzubrechen, um sie neu aufzuführen.

§ 10 Tit. 17 Th. I A.L.R.; — § 135 Tit. 8 Th. I A.L.R. — Art. IV Lib. III Tit. 12 Lüb. Rechts.

Die in den Artikeln IV und folgende Lib. 3 Tit. 12 des Lübischen Rechts aufgestellten Grundsätze über die Rechte der Nachbarn an einer gemeinschaftlichen Mauer stimmen im Wesentlichen mit denen des gemeinen Rechts und des A.L.R. überein, mit alleiniger Ausnahme des Art. V, der eine abweichende Bestimmung zu Gunsten des Bauenden enthält, indem er verordnet, daß, wenn eine gemeinschaftliche Brandmauer zwischen zwei Nachbarn nothwendig müßte gebaut werden und der eine Nachbar sich weigert zu bauen, der andre Nachbar das Recht haben solle, das Alleineigenthum an der Mauer zu erwerben, wenn er sie nach Ablauf eines Jahres, nachdem er dem Nachbarn seine Absicht durch zwei Bürger hat ankündigen lassen, allein wieder hat aufführen lassen. Dies ist eine ganz singuläre Bestimmung, welche strikte interpretirt werden muß. Die hierin enthaltene Voraussetzung der Nothwendigkeit des Neubaues der Mauer ist im Sinne des Gesetzes nur dann für vorhanden zu erachten, wenn sie durch die Beschaffenheit der Mauer selbst bedingt wird, nicht aber auch dann, wenn die Umstände, welche den Neubau veranlassen, außerhalb des gemeinschaftlichen Eigenthums liegen und nur das Sonder-Eigenthum des einen Miteigenthümers betreffen. Der Art. V spricht blos von den Voraussetzungen, unter denen ein Miteigenthümer das Alleineigenthum an der ganzen Mauer erwerben kann.

Wenn die gemeinschaftliche Mauer so beschaffen ist, daß sie unverändert stehen bleiben kann, so geht das Recht des einen Miteigenthümers nach § 135 Tit. 8 Th. I A.L.R. und dem damit übereinstimmenden Art. IV Lib. 3 Tit. 12 des Lüb. Rechts nur so weit, daß er sie bei seinem Neubau bis zur Hälfte ihrer Dicke benutzen kann. Darnach muß er seinen Neubau einrichten oder auf deren Benutzung verzichten. Eine

Art des Neubaues, welche ihn zum Abbruch und Neubau der Mauer zwingt, darf er ohne Einwilligung des Miteigenthümers nicht ausführen.

cfr. Striethorst Archiv Bd. 54 S. 169; Erk. des Obertribunals Berlin in Sachen Müller wider Marcuse v. 19. März 1878.

Siehe Beilage Nr. IV.

VI.

Bricht jemandt eine gemeine Mawr, ohn vorwissen seines Nachbars, so sol nicht alleine der sie bricht, sonder auch Zimmer und Maur Leute, welche die Arbeit gethan, und darzu geraten un geholffen haben, von der Wette ernstlich gestrafft werden.

VII.

Wer bawen wil, der sol solch sein Gebewde anstellen, das er seinem Nachbar nicht zu nahe und schaden bawe, Wird darüber geklagt, und also befunden, so mus er dasselbige Gebewde wiederümb niederbrechen, und in vorigen standt bringen.

VIII.

Hat einer einen Trüppenfall Abzucht oder andere Jura und Gerechtigkeiten von seinem Hause oder Mawren, nach seines Nachbars seiten, wil dann der Nachbar bawen, so sol es mit der Maß geschehen, das der Trüpenfall, Abezug und andere Gerechtigkeit und Jura, frey und unuorkützet bleiben.

Zu Art. VIII.

Nach Lübischem Rechte kann jeder Nachbar ein neues Gebäude bis an die Grenze seines Grundstücks vorrücken, wenn nur nicht das Traufrecht, in dessen Besitze der andere Nachbar sich befindet, dadurch beeinträchtigt wird.

Präjudiz v. 25. Mai 1852, Archiv für Rechtsfälle Bd. 5 S. 278.

(IX fällt fort.)

X.

Priuet oder Heimligkeiten sollen den Kirchhöffen und Strassen neher nicht, dann auf fünff und seinem Nachbarn auff drey Fueß gebawet werden.

XI.

Also sollen auch keine newe gemeine Badestuben noch Backheuser, ohne außdrückliche bewilligung des Radts und der Nachbar, gebawet werden.

XII.

Niemandt sol von newen Braw, Schmidt, Töpffer, Sehmheuser mit seiner zugehörung anrichten, do vor keine gewesen, ohne seiner Nachbarn willen. Item, Fischweicher, Tallichschmeltzer, Golt und Kupferschleger, Grapengießer, Knochenhawer, Böttischer, Seiffensieder, Branteweinbrenner, Krüger und dergleichen geferliche unleidtliche Handwerke mögen in denen Heusern nicht angerichtet noch geübet werden, do sie zuuorn nicht gewesen, ohne der Nachbarn willen, und wann gleich die Heuser zuuorn alle diese Gerechtigkeit gehabt hetten, Wann sie aber in zwantzig Jaren nicht gebraucht, so ist dieselbige verloschen.

Zu Art. XII.

Dieser Artikel ist nicht mehr für anwendbar zu erachten, er enthält die Einschränkung einer Gewerbefreiheit, welche durch die später ergangenen Gesetze als aufgehoben zu betrachten. (Erk. des Königl. Obertribunals in Sachen Kleist wider

Laabs und Kräft.) Darnach ist gedachter Artikel durch die Verordnungen vom 27. Oktober und 2. November 1810 §§ 16, 17 und 31 — Gesetz-Sammlung S. 26 und 83 — stillschweigend aufgehoben. S. Beilage V S. 70.

XIII.

Es mögen auch keine newe Genge, Wohnung oder Wohnkeller, Fenster, Thüren, Schure, do vormals keine gewesen, angerichtet werden, Wie dann auch keine Schorstein oder Feurstedt, da hiebeuorn keine gestanden, ohne der Nachbarn willen und vergünstigung.

Zu Art. XIII.

a. Präjudiz v. 20. Juli 1846 (Entsch. Bd. 19 S. 384): Das Verbot des Lübischen Rechts neue Fenster anzulegen, wo zeither keine gewesen, findet in allen Städten Hinterpommerns Anwendung, welche im allgemeinen mit Lübischem Recht bewidmet sind, wenn nicht ein entgegenstehender Gebrauch in der betr. Stadt besonders nachgewiesen wird.

b. Präjudiz vom 3. März 1851 (Archiv Bd. I S. 226): Nach Lübischem Rechte erlischt das Widerspruchsrecht des Berechtigten gegen die Anlage eines neuen Fensters in dem Hause des Nachbars erst in Jahr und Tag.

c. Obertribunals-Entscheidung vom 14. Nov. 1867 (Band 59 S. 34) Der Artikel XIII Titel 12 Buch 3 des Lübischen Rechts bezieht sich nicht bloß auf Bauten auf oder unmittelbar an der Grenze. Siehe Beilage Nr. VI.

d. Das Obertribunal hat in Bezug auf den Artikel 13 Libr. 3 folgende Grundsätze in dem Erkenntnisse Wächter wider Hackbarth vom 6. Decbr. 1859 (Nr. 629/59 Kreisgericht Colberg) aufgestellt.

1) daß die Beschränkung der Fensteranlage sich nur auf solche Fenster bezieht, welche auf oder unmittelbar an der Grenze eingerichtet werden;
2) daß unter „Fenstern" auch Luken und alle Oeffnungen verstanden werden, wodurch Licht einfällt und woraus man sehen könne;
3) daß da, wo bereits Fenster gewesen, nicht noch mehr Fenster angelegt werden dürfen.
4) Eine Vergrößerung der früheren Fenster ist gestattet.
5) Die neu eröffnete Aussicht ist dem Nachbar allein schon nachtheilig, ein Schade.

Ob der Artikel XIII noch gilt, darüber sind zwei verschiedene Ansichten aufgestellt in Sachen Raasch wider Fiskum. Das Oberlandesgericht zu Cöslin nimmt in dem Urtel vom 9. September 1843 an, daß er aufgehoben sei, weil er nicht in die amtliche Zusammenstellung der geltenden Vorschriften des Lübischen Rechts v. J. 1780 aufgenommen ist.

Das Oberlandesgericht zu Stettin dagegen führt aus, daß kein Gesetz diesen Artikel aufgehoben und daß derselbe daher noch gelte: er hält ihn aber für dunkel und entscheidet nach A.L.R. I. 8 §§ 140, 137. — s. Beilage Nr. V. Dagegen gültig: Obertrib. 1851, Entsch. Bd. 17 S. 384, und Entsch. v. 14. Nov. 1867, Bd. 59 S. 34; siehe Beilage Nr. VI. S. 71.

XIIII.

Bawet einer in seinem Hoffe einen Spiker oder Stall auf eine Maur, also, das er seinen Trüppenfall über die Mauren hat, wil dann sein Nachbar darneben gleicher gestalt einen Spiker bawen, so kan er dem andern, welcher allbereit seinen Spiker stehen hat, nicht zwingen mit ime eine Maur zulegen, auch ime seinen Trüppenfall zu nemen.

Beilagen.

I. A.

Zu Lib. II Tit. II Art. 8 des Lübischen Rechts.

Dekret

in der Hypothekensache des Hauses Nr. 528 (Nr. 177 Kat.) betreffend die Cession der 400 Thlr. von der Wittwe W. an die Wittwe S.

Das Lübische Recht enthält in dem — hierselbst gemäß Bericht des Pommerschen Hofgerichts zu Cöslin vom 9. October 1780, Anlage B sub 8 ad 7 recipirten — Art. 8 Libr. II Tit. II nur die Bestimmung, daß die überlebende Wittwe in allen Gütern sitzen bleiben, aber nichts davon entäußern oder verpfänden könne ohne der Erben Erlaubniß, es sei denn, daß sie es zum Unterhalte bedarf und dieses eidlich erhärtet. Ob hiernach die mit ihren Kindern die Gütergemeinschaft fortsetzende Wittwe über zum gemeinschaftlichen Vermögen gehörige eingetragene Kapitalien allein verfügen, d. h. solche einziehen und darüber quittiren, resp. solche cediren könne ohne Genehmigung der großjährigen Miterben resp. des Vormundschaftsgerichts, ist nicht definitiv ausgesprochen. Es müßte also bei Beurtheilung solcher Fälle das subsidiär geltende allgemeine Landrecht maßgebend sein. Indeß auch dieses enthält für diese Fälle keine Bestimmung. In Folge früher angeregter Zweifel hat die Gesetz-Kommission sich zwar in dem Gutachten vom 17. April 1805 dahin geäußert: daß der Wittwe, welche die Gütergemeinschaft fortsetzt, die Administration und Disposition über das gemeinschaftliche Vermögen, mit Ausnahme der Veräußerung und Verpfändung von Grundstücken zustehe. In den Motiven dieses Gutachtens führt sie aber aus, daß die Wittwe nicht nur den für die in Gütergemeinschaft lebenden Ehemänner in den §§ 232 seq. Theil II. Tit. 1 A.L.R. vorgeschriebenen Beschränkungen unterworfen ist, wonach sie die auf den Namen beider Eheleute geschriebenen Kapitalien nicht allein, sondern nur mit Zuziehung der Erben einziehen kann, auch den Kindern nach der Analogie der für Ehemänner minderjähriger Ehefrauen in den §§ 742 seq. und 764 seq. Thl. II. Tit. 18 A.L.R. gegebenen Vorschriften von ihrer Verwaltung Rechenschaft geben muß. Auf Grund dieser Ausführungen hat auch das Königl. Justiz-Ministerium in den Rescripten vom 4. Novbr. 1836 und resp. das Königl. Appellations-Gericht zn Cöslin in der Subhastationssache des Schneider'schen Hauses zu Bärwalde — durch Rescript vom 23. Sept. 1854, es für unzulässig erklärt, daß die Wittwe, welche in fortgesetzter Gütergemeinschaft lebt, zum gütergemeinschaftlichen Vermögen gehörige Kapitalien für sich allein einzieht. Demgemäß kann sie auch nicht zur Quittungsleistung oder Cession solcher Kapitalien allein für berechtigt erachtet werden, vielmehr müssen die großjährigen Miterben, resp. der Vormund der minderjährigen Erben unter obervormundschaftlicher Genehmigung über die Quittung resp. Cession gehört und die Verwendung der Kapitalien, resp. deren fernere Unterbringung und Sicherstellung der Kontrolle der Miterben resp. des Vormundschaftsgerichts unterworfen bleiben. —

Im vorliegenden Falle hat die verwittwete Sergeant S. hier, bevor dem Antrage vom 8. März 1867 auf Eintragung der Cession der auf dem Wohnhause Nr. 528 hier eingetragenen, an sie durch Cession vom 27. Februar cr. gelangten 400 Thlr. Folge gegeben werden kann, von den Miterben der Wittwe W., Marie, geborenen Voigt, und zwar von dem Karl Ferdinand August W., dem August Karl Paul Schönfeld zu Berlin und von dem Vormunde der Minna Bertha Therese W. die mit der resp. obervormundschaftlichen Genehmigung versehenen Beitritts-Verhandlungen zu der Cessions-Verhandlung den 27. Febr. cr. beizubringen. Solches wird binnen 8 Wochen erwartet.

Colberg, den 24. Mai 1867.

Königl. Kreisgericht, II. Abtheilung.

An
die verwittwete Sergeant S.
Louise geb. Timm, hier.

B.

Aus der pensionirten Amtsdiener S.'schen Vormundschaftssache, 424.

Ihre in der Vormundschaftssache Ihrer Tochter unterm 24. v. M. bei uns angebrachte Beschwerde über die hiermit zurückerfolgende Verfügung der II. Abthl. des Königl. Kreisgerichts daselbst vom 4. ist unbegründet.

Nach dem Rescript vom 4. November 1836 (Rönne, Ergänzungen

zu § 410 Thl. II Tit. 18 A.L.R.) hat die die Gütergemeinschaft mit den Erben ihres Mannes fortsetzende Wittwe sich den §§ 232 ff. Theil II. Tit. 1 resp. l. c. A.L.R. gemäß, nach den für die Verwaltung des in Gütergemeinschaft lebenden Ehemannes festgesetzten Bestimmungen dergestalt zu richten, daß sie zwar die zum Betriebe ihres Gewerbes erforderlichen Kapitalien ohne Kaution in die Hände verlangen kann, im Uebrigen aber zur Einziehung von Kapitalien die Genehmigung des Vormundes und die Approbation des vormundschaftlichen Gerichts nachsuchen muß.

Im vorliegenden Falle, wo die Kündigung des auf den Namen ihres Ehemannes geschriebenen Kapitals seitens des Schuldners erfolgt ist, war dasselbe nach §§ 499. 500 Thl. II. Tit. 18 A.L.R. nur mit ausdrücklicher Genehmigung des Gerichts an Sie resp. an den Vormund zu zahlen.

Die Vormundschaftsbehörde ist daher durchaus berechtigt, die Cession vom 30. Juni c. erst dann zu genehmigen, wenn das qu. Kapital anderweit pupillarisch sicher untergebracht oder ad depositum eingezahlt ist.

(§§ 351—353 Thl. II. Tit. 18 A.L.R.)

Ihre Beschwerde wird daher zurückgewiesen.

Cöslin, den 14. Oktober 1873.

Königl. Appellationsgericht.

An
die verwittwete Amtsdiener S.
Clara geb. Schultz in Colberg.

II.

Zu Art. 9. Titel 2. Buch II des Lübischen Rechts.

(A.L.R. Thl. II. Titel 2. § 656. Anh. § 99.)

Entscheidung des Königlichen Ober-Tribunals

(aus Entsch. Band 82 Seite 144 Nr. 25).

Aktive Erbunfähigkeit der unehelich Geborenen nach Lübischem Rechte.

Ist nach dem in Treptow a./Rega geltenden Lübischen Rechte der uneheliche Sohn Intestaterbrechte an den Nachlaß seiner Mutter geltend zu machen befugt?

Der Schmiedemeister P. in Regenwalde ist der uneheliche Sohn der unverehelichten demnächst an den Zimmermann O. in Treptow a./Rega verheirathet gewesenen Wilhelmine P. Letztere ist bereits im Jahre 1869 gestorben und hat der P., nachdem auch der O. 1876 verstorben, die fünf ehelichen O.'schen Kinder als Intestaterben der Mutter klagend dahin in Anspruch genommen: dieselben schuldig zu erachten, sein Erbrecht in den Nachlaß der Mutter anzuerkennen. Die Verklagten haben widersprochen. Das Kreisgericht zu Greifenberg i./Pomm. hat die Verklagten nach dem Klageantrage verurtheilt, indem dabei angenommen worden:

1) daß dasjenige Lübische Recht, welches in Treptow a./Rega Geltung erlangt, eine das Erbrecht der unehelichen Kinder am mütterlichen Nachlasse ausschließende Vorschrift nicht enthält;
2) daß solche eventuell durch ein entgegengesetztes Gewohnheitsrecht außer Kraft gesetzt, und überdies
3) durch den § 99 des Anhangs zum A.L.R. aufgehoben sei.

Auf die Appellation des Verklagten hat dagegen das Appellationsgericht zu Stettin am 23. März 1878 abändernd, unter Reprobirung der ebengedachten Gründe, den Kläger mit seiner Klage abgewiesen. Von dem Appellationsrichter ist zunächst ausgeführt, daß der § 99 des Anh., nach seiner Stellung im A.L.R., unzweifelhaft nur eine Deklaration der §§ 656. 657 Tit. 2 Thl. II des A.L.R., nicht aber eine allgemeine, den abweichenden provinziellen und statutarischen Normen derogirende Bestimmung zu geben bezwecke, was aus dessen Entstehungsgeschichte klar erhelle. Dies ist auf Grund des Berichts der pommerschen Regierung vom 5. August 1801 und des darauf ergangenen Gutachtens der Gesetz-Kommission vom 2. Februar 1802 (v. Rabe, Sammlung preuß. Gesetze Band 7 S. 273 ff.), aus welchem letzteren jener § 99 entnommen ist, des Näheren auseinandergesetzt und zugleich bemerkt, daß hieraus sich ergebe, daß das Ober-Tribunals-Erkenntniß in Sachen Wessel wider Fliege vom 22. Januar 1866 (Nr. 262/214, Sen. I 1865) dem § 99 des Anh. für den Geltungsbereich des Lübischen Statutes mit Recht jede Bedeutung abgesprochen habe.

Sodann ist von ihm erwogen: Komme es hiernach auf das Lübische Recht an, mit welchem Treptow 1285 und 1287 bewidmet sei, so sei es unbedenklich, daß durch den Art. 9 Tit. 2 Buch II des revidirten Statuts (von 1586) den unehelichen Kindern die aktive Erbfähigkeit, auch ihrer Mutter und den mütterlichen Verwandten gegenüber, gegenommen worden. Der erste Richter verneine zwar, daß das revidirte Statut überhaupt in Treptow Geltung erlangt habe. Aus dem hierfür geltend gemachten Umstande allein, daß die Bewidmung Treptow's mit Lübischen Rechte lange vor Emanation des revidirten Statuts erfolgt, und die förmliche Einführung des letzteren als Gesetz nicht nachzuweisen sei, sei jedoch noch nicht zu folgern, daß dasselbe keinen Eingang daselbst gefunden. Jene Annahme beruhe vielmehr auf einer nicht zutreffenden Würdigung der Bedeutung der mittelalterlichen Stadtrechte und deren Verleihung an andere Städte. Diese Stadtrechte, wenn auch bei ihrer Abfassung eine möglichst vollständige Zusammenstellung des geltenden Rechtes bezweckt worden, seien doch weit entfernt von der Vollständigkeit und Stabilität der gegenwärtigen kodifizirten Gesetzbücher. Die Anwendung des Rechtes, wie solches zu jener Zeit noch im Bewußtsein des Volkes gelebt, sei durch ungelehrte Richter (Schöffen) vermittelt worden, welche nicht nur zum Sprechen des geltenden, sondern auch zum Finden des Rechtes berufen gewesen, wenn neue Bildungen hervorgetreten. An diese lebendige Quelle des Rechtes, welches durch dessen Aufzeichnung keineswegs beseitigt worden, seien auch diejenigen Städte, welche mit dem Rechte eines anderen bewidmet worden, umsomehr gewiesen geblieben, als nur selten bei der Verleihung eine geschriebene Zusammenstellung des verliehenen Rechtes mitgetheilt worden. Deshalb hätten die mit dem Rechte einer anderen Stadt bewidmeten Städte sich vielfach um Belehrungen an die Mutterstadt gewandt, wodurch eine gleichmäßige Fortbildung des Rechtes vermittelt sei. In Betreff der Stadt Treptow erhelle weder aus den Bewidmungsurkunden, noch sonst, daß ihr ein bestimmter Kodex des Lübischen Rechtes zur Anwendung mitgetheilt sei. Sie sei vielmehr lediglich an das in Greifswald bereits in Geltung befindliche Lübische Recht gewiesen, welches keineswegs als ein blos geschriebenes angesehen worden, wie aus den Worten des Privilegs von 1287: „jure, justitia, judicio, statutis, consuetudinibes“ klar erhelle. Daß durch die Schlußworte: quo et quibus Civitas Gryphiswold iis singulis in civitate suis terminis et proprietate perfrui hactenus est consueta“ nicht die ausschließliche und dauernde Anwendung des zur Zeit der Verleihung in Greifswald in Uebung gewesenen geschriebenen und ungeschriebenen Rechtes habe bestimmt werden sollen, unterliege nach der Weise der damaligen Rechtsbildung keinem Bedenken; ebensowenig, daß der Rath zu Treptow sich in der Folge Rechtsbelehrungen von Greifswald, welches mit dem Oberhofe in Lübeck in Verbindung gestanden, geholt und dadurch an der von der Mutterstadt ausgehenden Fortbildung des gemeinsamen Rechts Theil genommen habe.

Hiernach schon sei es sehr wahrscheinlich, daß das revidirte Statut von 1586 auch in die mit Lübischem Rechte bewidmeten Städte Pommerns Eingang gefunden, wozu es keiner ausdrücklichen Genehmigung des Landesherrn, wie der erste Richter annahm, bedurft habe. Jenes Statut habe kein neu geschaffenes Recht, sondern nur eine Revision und neue Redaktion des alten Lübischen Rechtes enthalten, welche, wenn auch in manchen Städten nicht, doch in den Städten Pommerns und namentlich in Treptow Aufnahme gefunden hat. Dafür spreche der Umstand, daß das revidirte Statut in den Jahren 1586, 1594 und 1595 in Stettin zum Gebrauche für Pommern besonders gedruckt worden, und daß keine Spur der Anwendung des alten Lübischen Rechtes, wo solches mit dem revidirten nicht im Einklange stehe, sich erhalten habe. Mevius habe nur das revidirte Statut kommentirt, und werde diesem seinem Kommentar, nach dem Berichte des Cösliner Hofgerichtes von 1780, in der Praxis nachgegangen. Das Statutarrecht (Stettin 1836) erwähne des alten Lübischen Rechtes nirgends und sei von demselben auch bei den Berathungen über den revidirten Provinzialrechts-Entwurf (Berlin 1836) keine Rede gewesen. Aus den vom ersten Richter in Bezug genommenen Landtagsabschieden von 1608 und 1616 sei nichts gegen die Anwendbarkeit des revidirten Statutes zu entnehmen. Die Aeußerung des Magistrats zu Stargard vom 1. März 1633 weise aber nur darauf hin, daß das Lübische Recht (was auch sonst nicht zweifelhaft sei) nicht in allen Theilen Geltung erlangt habe, ohne das revidirte Statut grundsätzlich von der Geltung auszuschließen. Die Rechtsprechung der Gerichtshöfe über die Anwendung des Lübischen Rechtes in Pommern habe stets auf dem revidirten Statut beruht. Für Treptow insbesondere sei nach dem Berichte des Magistrats vom 31. September 1780 nicht zu bezweifeln, daß, soweit sich das Lübische Recht überhaupt in Geltung erhalten, nur das revidirte Statut in Betracht komme. Wollte man aber auch mit dem ersten Richter auf die dem Art. 9 des revidirten Statutes entsprechende Urschrift der alten lateinischen und deutschen codices zurückgehen, so könne doch den aus dem abweichenden Wortlaute der letzteren gezogenen Folgerungen ebensowenig beigepflichtet werden. Die Annahme, daß der Art. VII des Verdowich'schen Kodex nur von Konkubinenkindern im eigentlichen Sinne (liberi naturales des römischen Rechts) handele, beruhe auf einer unrichtigen Deutung des Wortes: concubina, mit welchem unzweifelhaft nur der Gegensatz zu einer Ehefrau habe bezeichnet werden sollen. Den gleichen Sinn habe das Wort: amye (amica), welches Buhlin, uneheliche Beischläferin bedeute. (Kosegarten, Wörterbuch der niederdeutschen Sprache I S. 323, Levers, mitteldeutsches Wörterbuch I.) Dafür aber, daß die Vorschrift des alten Lübischen Rechtes sich nur auf den Nachlaß des unehelichen Vaters beziehe, biete der Wortlaut gar keinen Anhalt, und noch weniger sei der Grund des ersten Richters, daß man durch diese Vorschrift dem Eindringen der römisch-rechtlichen Bestimmung über das Erbrecht der liberi naturales gegen ihre Väter habe wehren wollen, stichhaltig. Vielmehr liege die Annahme nahe, daß das alte Lübische Recht, wie so viele deutsche Rechtsaufzeichnungen des Mittelalters, die unehelichen Kinder, weil keiner Familie angehörig, durch die zitirte Vorschrift für schlechthin erbunfähig habe erklären wollen, und daß dies als damaliges Recht habe fixirt werden sollen. Nach diesem allen sei es unbedenklich, daß die vom ersten Richter unterstellte materielle Abweichung des älteren Statuts von dem revidirten nicht bestehe, daß vielmehr die fragliche Vorschrift auf alle außer der Ehe geborene Kinder zu beziehen sei, wie dies auch die Fassung der der Zwischenzeit angehörigen Codices, welche im Allgemeinen die Erbunfähigkeit „unechter" Kinder aussprechen, ergebe (Entscheidungen des Obertribunals Bd. 73 S. 279) und sich für Pommern durch das von Pauli in dessen Abhandlungen Bd. 3 S. 130 zitirte Urtheil des Stralsundischen Gerichts von 1534, wodurch einem vor der Ehe geborenen Kinde die Erbfähigkeit „nach Stadtrecht" abgesprochen worden, bestätigt finde. Die vom ersten Richter allegirte Bemerkung des Mevius (Nr. 59 ad Art. 9 cit.) stehe, wie aus der dort vorangestellten Frage und den unter Nr. 3 ff. gegebenen Erörterungen erhelle, mit der angeblichen Differenz des alten und des revidirten Statutes in gar keiner Beziehung, und beruhe die aus dem Berichte des Cösliner Hofgerichts vom 9. Oktober 1780 in Bezug genommene Bemerkung: „daß uneheliche Kinder nicht succediren, nämlich dem Vater," auf einer unrichtigen Auslegung des Art. 9.

Die Frage, ob dieser Artikel durch ein entgegengesetztes Gewohnheitsrecht außer Geltung gesetzt sei, habe, in Uebereinstimmung mit der seitherigen Praxis und der Rechtsprechung des höchsten Gerichtshofes verneint werden müssen, was auch in dem Inhalte des Statutarrechtes und in den Entscheidungen Bd. 30 S. 166 und Bd. 73 S. 271 seine Bestätigung finde. Für die Bejahung dieser Frage lasse sich so wenig aus dem Berichte der pommerschen Regierung vom 3. August 1801 und des Cösliner Hofgerichts vom 9. Oktober 1780, als aus den Motiven des Provinzialrechts-Entwurfes, welche überhaupt nur legislatorischer Natur seien, etwas herleiten. In Bezug auf Treptow namentlich sei in dem obgedachten Erkenntnisse des Obertribunals vom 22. Januar 1866 des Näheren die Nichtexistenz eines den Art. 9 derogirenden Gewohnheitsrechtes dargelegt.

Auf die dagegen von dem Kläger eingelegte Revision hat das Obertribunal das Appellationserkenntniß bestätigt.

Gründe:

Die erhobene Revisionsbeschwerde des Klägers hat nicht für begründet erachtet werden können.

Die Frage, ob der Art. 9 Tit. 2 Buch II des revidirten Lübischen Statutes von 1586, dahin lautend:

> Uneheliche Kinder nehmen kein Erbe; aber derselben verlassen Gut erben die nächsten Blutsfreunde, die dazu gehören,

in der mit Lübischem Rechte bewidmeten Stadt Treptow a. Rega Geltung hat, ist mit Recht vom Appellationsrichter gegen die An- und Ausführungen des ersten Richters bejaht und zugleich näher dargelegt, daß diese Geltung weder durch Observanz, noch durch den § 99 des Anhanges zum § 656 Tit. 2 Thl. II A.L.R. aufgehoben worden. Es erscheint deshalb als gerechtfertigt, daß der Appellationsrichter reformatorisch den Kläger mit dem von demselben, als einem unehelichen Kinde, auf den Nachlaß seiner verstorbenen Mutter erhobenen Erbanspruche abgewiesen hat. Der Appellationsrichter hat zur Motivirung dieser seiner Entscheidung die entgegengesetzten Ausführungen des ersten Richters in einer so treffenden und überzeugenden Weise widerlegt, daß auf diese Widerlegung im Wesentlichen nur Bezug genommen werden kann; und zwar solches um so mehr, als von dem Kläger in der gegenwärtigen Instanz gegen dieselben so wenig besondere Gegengründe, als zur Unterstützung der von ihm in Bezug genommenen Ausführungen des ersten Richters neue Gesichtspunkte und Momente geltend gemacht worden sind.

Es ist an sich nicht in Zweifel zu ziehen, und auch bei der Redaktion des Statutarrechtes der Städte des Herzogthums Alt-Vor- und Hinterpommern (Stettin 1836) als selbstverständlich vorausgesetzt, daß das revidirte Lübische Recht von 1586 diejenige Form bildet, in welcher das Lübische Recht in den mit diesem Rechte bewidmeten Städten, Alt-Vor- und Hinterpommerns zur Anwendung kommt, wiewohl die Verleihungen des Lübischen Rechtes an die gedachten Städte mehrere Jahrhunderte zuvor stattgefunden haben. Dies ist namentlich auch in Betreff der Stadt Treptow a./Rega der Fall, welche durch die herzoglichen Privilegien von 1285 und 1287 mit dem Lübischen Rechte in der in Greifswald geltenden Form und Gestalt bewidmet worden ist. Ein Gleiches gilt auch hinsichtlich der mit Lübischem Rechte bewidmeten Städte Neu-Vorpommerns. (S. das Provinzialrecht des Herzogthums Neu-Vorpommern und des Fürstenthums Rügen Thl. 6 § 3 S. 16 u. 17.)

Dort steht, insbesondere für Stralsund und Greifswald die rechtsverbindliche Kraft des revidirten Statutes von 1586 insofern fest, als der sogenannte Stralsunder Erbvertrag vom 11. Juli 1615 Art. 5 § 12 und Herzogs Philipp Julius Vertrag mit der Stadt Greifswald vom 7. Mai 1606 § XI auf den Inhalt des im Drucke publizirten Lübischen Rechtes verweisen, jene Revision von 1586 aber zuerst und allein durch den Druck publizirt worden.

Diese Festsetzung ist freilich zunächst nur für die eben gedachten beiden Städte entscheidend. Dieselbe läßt sich jedoch nicht, weil eine gleiche ausdrückliche Festsetzung für Treptow a./R. nicht stattgefunden hat, zu der Annahme benutzen, daß in Treptow nur das alte Lübische Recht in der im Jahre 1285 bestandenen Form und Gestalt Geltung behalten habe, vielmehr ist mit Rücksicht darauf, daß Treptow im Jahre 1285 mit dem Lübischen Rechte, wie solches in Greifswald gegolten, bewidmet worden, anzunehmen, daß auch für Treptow durch die in Bezug auf die Anwendung und Uebung des Lübischen Rechtes aus Greifswald eingeholten Weisungen das revidirte Statut von 1586 im Laufe des 17. Jahrhunderts zur Geltung gelangt ist.

Alles dies kann indessen füglich dahin gestellt bleiben, da, selbst wenn anzunehmen sein sollte, daß in Treptow das alte Lübische Recht nach den vom ersten Richter in Bezug genommenen Codices in Geltung geblieben, hierdurch immer kein anderes Resultat würde herbeigeführt werden können, als wenn man von der Annahme ausgeht, daß in Treptow, wie in den übrigen mit Lübischem Rechte bewidmeten pommerschen Städten, das revidirte Statut von 1256 diejenige Form enthält, in welcher dort das Lübische Recht zur Anwendung kommt.

Denn der bereits oben angeführte Inhalt des Art. 9 enthält nichts Abweichendes von den Fassungen der fraglichen Vorschrift, wie solche sich in den alten, vom ersten Richter allegirten Codices vorfinden. Ganz richtig hat der Appellationsrichter ausgeführt, daß diese Fassungen und zwar die altdeutsche:

„De van ener amyen is gebohren, dene nimt neghen erve; mer sin erve nemet de negesten Maghe de darto horen;

und die lateinische:

Qui natus est de concubina, nullam percipiet hereditatem; suam vero hereditatem propinquiores sui percipiens,

dieselbe rechtliche Bedeutung hat, wie jener Wortlaut des Artikel 9 des revidirten Statutes von 1586. Concubina bedeutet ebenso, wie amyen, nichts anderes, als Buhlin, uneheliche Beischläferin, und ist dabei an sogenannte Konkubinenkinder, wie deren Rechte sich im neueren römischen Rechte gestaltet hatten, (Glück's ausführliche Erläuterung der Pandekten Th. 28 § 1286 S. 86 ff., § 1295 S. 380 ff.) überall nicht zu denken.

Wenn aber, wie vom Appellationsrichter angenommen worden, der

Art. 9 in Treptow volle Anwendung finden muß, so stellt sich danach der von dem Kläger erhobene Erbanspruch von selbst als ein unbegründeter dar.

Jene Anwendung läßt sich auch nicht wohl in Zweifel ziehen, da, wie nicht minder richtig von dem Appellationsrichter gegen die entgegengesetzte Ansicht des ersten Richters auseinandergesetzt worden, der Art. 9 cit. sowenig speziell in Bezug auf die Stadt Treptow a. Rega durch Observanz seine Anwendbarkeit verloren hat, als derselbe überhaupt hinsichtlich der mit Lübischem Rechte bewidmeten Städte durch den § 99 des Anhangs zum § 656 Tit. 2 Th. II A.L.R. als aufgehoben anzusehen ist.

(Nr. 371/2220 Sen. I. 1878.)

III.

Zu Art. XIV. Tit. II. Lib. II.

(Bisher noch nicht gedruckt.)

Erkenntniß.

In Sachen des Magistrats zu Colberg, Kläger, wider den Fiskus, vertreten durch die Königliche Regierung zu Cöslin, Verklagten,

erkennt das Königliche Oberlandesgericht von Pommern nach Lage der Akten für Recht,

daß Beklagter nicht nur gehalten, die in Colberg noch aufkommenden herrenlosen Erbschaften der dem Lübischen Rechte unterworfenen Personen, sondern auch die ihm bereits per sententiam de publicato Colberg den 6. Februar 1826 mit Vorbehalt der Rechte der Colberger Kämmerei an denselben zugeschlagenen, nämlich:

a) die der verwittweten Kanonier Bernar, Anna Eleonore, geb. Heydemann, bestehend in	1 Thlr.	16 Sgr.	6 Pf.
b) die der Seefahrer Gebrüder Martin und Michael Blank, bestehend in . .	148 Thlr.	13 Sgr.	3 Pf.
c) die der Bäckergesellen Gebr. Christian Heinrich und Martin Bütow, bestehend in	26 Thlr.	14 Sgr.	2 Pf.
d) die der verwittweten Lazareth-Inspektor Volker, Dorothea Charlotte, geb. Stimmer, bestehend in	559 Thlr.	6 Sgr.	10 Pf.
in Summa	735 Thlr.	20 Sgr.	9 Pf.

zu überlassen, Verklagter auch die Kosten dieses Prozesses, welche jedoch bis auf die dem Gegentheil zu erstattenden Auslagen außer Ansatz zu lassen, zu tragen gehalten.

Von Rechts wegen.

Gründe:

Im Jahre 1825 wurden in Colberg mehrere Vermögensmassen, deren Eigenthümer verschollen waren, als herrenloses Gut erklärt und per sententiam des dortigen Land- und Stadtgerichts de publ. den 6. Februar 1826 dem Fisco mit Vorbehalt der Rechte der Kämmerei zu Colberg, die an herrenlose Nachlaßmassen Ansprüche macht, zugeschlagen. Indem nun aber der Bischof Hermann und der Herzog Wratislaff von Pommern der Stadt Colberg unterm 10. Juni 1255 durch ein Privilegium die Befugniß ertheilte, sich des Lübischen Rechts zu bedienen, es aber im Artikel 14 Lib. II Tit. II des Lübischen Gesetzbuchs heißt:

> „Stirbt Jemand ohne kundige Erben, sein nachgelassenes Gut soll man dem Rathe überantworten, zu bewahren Jahr und Tag, würde sich aber binnen Jahr und Tag Niemand's angeben, noch ein Recht dazu zeugen lassen, so ist das Erbgut dem Rathe heimgefallen."

so trat Kl., hierauf seine Ansprüche stützend, unterm 24. April 1826 klagend auf, und richtete seinen Antrag dahin:

> den Fiskus einmal zu verurtheilen, die ihm durch oben gedachtes Erkenntniß zugesprochenen Erbschaften abzutreten, dann aber denselben auch für schuldig zu erachten, die in Colberg aufkommenden herrenlosen Erbschaften der dem Lübischen Rechte unterworfenen Personen der Kämmerei zu Colberg zu überlassen.

Beklagter räumt ein, daß der Stadt Colberg durch das Privilegium des Herzogs Wratislaff und Bischof Hermann vom Jahre 1255 das Lübische Recht verliehen worden, da er jedoch behauptet, daß diese Verleihung sich nur auf fünf Jahre erstreckt habe, so ist es nothwendig, die Worte des Dokuments, welche also heißen:

> Hinc est, quod notum esse volumus tam praesentibus quam futuris, quod nos civitatem nostram Gholberch theutonicis jure Lubecensi, quinque annis liberam donavimus possidendum, ut eodem jure eademque in perpetuum gaudeant libertate."

näher zu betrachten.

Wenn nun auch gleich nicht zu erklären ist, was mit den Worten der Urkunde „quinque annis liberam" gemeint sein soll, so ist doch soviel klar, daß dieselben nie, auch nicht bei der kühnsten Konstruktion, mit den Worten „jure Lubecensi“ zusammen gebracht werden können und dies mußte doch nothwendig der Fall sein, wenn aus dem ganzen Passus entnommen werden sollte, daß durch jene Urkunde der Stadt Colberg nur auf fünf Jahre das Lübische Recht verliehen worden wäre. Aber nicht allein, daß diese Interpretation gegen die Regeln der Sprache, in welcher die Urkunde abgefaßt ist, verstoßen würde, so dürfte auch alsdann ein nicht zu hebender Widerspruch in dem Privilegio selbst liegen, da aus den letzten Worten des angeführten Passus:

„ut eodem jure eademque in perpetuum gandeant libertate“

deutlich und über allen Zweifel erhaben, erhellt, daß die Einwohner Colbergs sich auf immer dieses Rechtes erfreuen sollten. Endlich aber ist es auch notorisch und von dem Beklagten überall und selbst in diesem Prozesse wenigstens indirekt eingeräumt worden, daß in Colberg das Lübische Recht gesprochen wird und es kommt demnach, da Beklagter vorzüglich den Einwand aufgestellt hat, daß bei der Anwendung des Lübischen Rechts nur von seinen privatrechtlichen Bestimmungen die Rede sein könne, darauf an, näher festzustellen, in wie fern derselbe begründet ist, oder nicht? Die Worte des Art. 14 Lib. II Tit. II des Lübischen Gesetzbuchs, auf welche Kläger seine Klage basirt, sind oben vorgetragen, und Beklagter hat aus dem Unterschiede, der zwischen einer freien Reichsstadt, wie Lübeck und einer Municipalstadt obwaltet, herzuleiten gesucht, daß mit dem Worte „Rath“ nicht die Obrigkeit der Stadt, sondern die Landeshoheit gemeint sein könne, indem die freien Reichsstädte mit ihren Stadtgebieten Republiken seien und in ihrem Rathe oder Magistrate die Verwaltung ihrer eigenen Landeshoheit vereinigt hätten, woraus folge, daß ein solcher Rath oder Magistrat in seiner Eigenschaft als Verwalter der Landeshoheit auch alle Landeshoheitsrechte in der Stadt und deren Gebiet, mithin auch das jus ad bona vacantia, gleich anderen deutschen Reichsfürsten, auszuüben befugt gewesen.

Nach den Vorschriften des Allgemeinen Landrechts gehört das Recht auf erblose Nachlaßmassen zu den Regalien des Staats, und da der § 20 Titel 16 Thl. I des A.L.R. verordnet, daß das Erbrecht des Staats auf erledigte Verlassenschaften moralischen und anderen Privatpersonen nur insofern zukomme, als sie nachweisen können, daß sie dasselbe auf eine rechtsgültige Art erworben haben, Kläger aber, um dies zu beweisen, sich auf das mehrerwähnte Privilegium vom Jahre 1255 und den vorangeführten Art. 14 Lib. II Tit. II des Lübischen Gesetzbuchs beziehen, so kommt es darauf an, darzuthun, ob durch die Bewidmung der Stadt Colberg mit Lübischem Rechte derselben auch zugleich das jus ad bona vacantia zustehe.

Angenommen zuvörderst, das Lübische Recht, wie es damals, als Colberg damit bewidmet wurde, beschaffen gewesen, hätte die Bestimmung enthalten, daß die herrenlosen Nachlaßmassen an den Rath fallen sollten, so dürfte, da das Landrecht selbst zuläßt, daß auch moralische Personen solches erwerben können, der Beweis des Gegentheils dem Fiskus, da Kläger die Worte des Gesetzes für sich haben würde, obliegen.

Diesen Beweis hat Fiskus zu führen nicht vermocht, denn wenn er sagt, wie es sich nicht denken lasse, daß ein Fürst ein für ihn so äußerst vortheilhaftes Recht aufopfern würde, so ist dies eine bloße Aufstellung ohne allen Gehalt; ja es dürfte sich leicht das Gegentheil darthun lassen.

Zu jenen Zeiten, als der Herzog Wratislaf und der Bischof Hermann der Stadt Colberg das Privilegium, vermöge dessen sie das Lübische Recht erwarb, verlieh, war das Band, welches die Städte an den Fürsten knüpfte, höchst locker, und es bedurfte nur eines geringen Anlasses, um beide in gegenseitige Händel und Streitigkeiten zu verwickeln. Um sich nun die Städte näher zu verbinden und sich bei vorkommenden Fällen ihres Beistandes zu versichern, läßt es sich leicht erklären, daß die Fürsten sich gar wohl entschlossen, ihnen durch Privilegien und Freiheiten zu schmeicheln, und so dürfte auch die Verleihung des Lübischen Rechts ein Mittel zum Zweck gewesen sein. In Beziehung auf die Stadt Colberg läßt sich dieses aber noch näher darthun. Colberg war damals, als es das qu. Privilegium erhielt, erst im Entstehen, es war nothwendig, um die Stadt zu heben, daß Familien bewogen wurden, sich dort niederzulassen, und um dies zu bewirken, erhielt sie jenes Privilegium, welches sich auch leichtlich aus dem angeführten Passus entnehmen läßt.

Wenn es nun aber nicht denkbar ist, daß die Erlaubniß eines Fürsten, sich bei Entscheidung von Prozessen dieses oder jenes Privatrechts zu bedienen, eine Wohlthat und der Gegenstand eines Privilegii sein kann, so muß der Grund in anderen Umständen gesucht werden und hier läßt es sich leicht in den wohlthätigen publizistischen Bestimmungen finden, von denen auch eine vorzügliche die, daß die bona vacantia dem Rathe anheimfallen, also zum Besten der Stadt verwendet werden sollen. — Stein und Mevius in ihren Kommentaren zum Lübischen Rechte, sind, wenn sie sagen: — „Endlich sieht man „aus dieser Disposition, daß die Stadt Lübeck die Macht hat, erblose „Güter an sich zu nehmen, und ihr also die jura fisci zustehen. Von „der Stadt Lübeck, als einer freien Reichsstadt, ist dieses nun zwar „nichts Besonderes, allein es haben sich auch andere Landstädte, die „mit Lübischem Rechte beliehen sind, ein gleiches Recht anzumaßen,

„denn nach gemeinen deutschen Rechtssätzen hat sowohl das Amt des „Magistrats, als auch die Jurisdiktion einen weiteren Inbegriff, als „von demselben nach römischem Rechte prätendirt werden mag. Und „daher rühren auch die jura publica, so sich im Lübischen Rechte finden, „weshalb derselben auch andere Städte, so Lübisches Recht haben, und „destomehr theilhaftig sind.“ — ebenfalls dieser Ansicht, und auch durch die Vorschriften des Landrechts wird dieselbe unterstützt.

Es ist gezeigt worden, daß, wenn das qu. Privilegium sich bloß auf die Privatbestimmungen des Lübischen Rechts bezöge, hierin gar keine Wohlthat für die Stadt und deren Einwohner liege und da es in der Einleitung zum Allgemeinen Landrecht § 50 heißt: — „im „Uebrigen sind die Privilegien und Freiheiten so zu deuten, daß die „wohlthätige Absicht des Gebers dabei nicht verfehlt oder vereitelt werde,“ — so muß angenommen werden, daß die Landstädte, also auch Colberg mit Verleihung des Lübischen Rechts nicht nur die jura privata, sondern auch die jura publica erwarben, indem sonst das Privilegium als ein solches nicht angesehen werden kann.

Verklagter hat nun aber den Einwand gemacht, daß das Recht des Raths ad bona vacantia ein Besitz des späteren Lübischen Rechts sei, und es ist daher zu beweisen, daß dies nicht der Fall ist, vielmehr jene Verordnung schon einen Theil des ältesten Lübischen Rechts ausmachte.

Das jus ad bona vacantia gehört zu den Hoheitsrechten, folglich zu dem publizistischen Theile des Rechts, und dieses war der älteste des Lübischen. Herzog Heinrich der Löwe soll im Jahre 1158 der Stadt Lübeck ihr Stadtrecht gegeben haben; und wenn sich auch nicht genau bestimmen läßt, worin der eigentliche Inhalt desselben bestanden, so läßt sich doch mit ziemlicher Gewißheit behaupten, daß die Stadtrechte, um den Anbau und die Kultur der Städte selbst zu befördern, in besonderen Bestimmungen und Vorzügen bestanden und daß die privatrechtlichen Bestimmungen diesen untergeordnet waren. Wenn nun angenommen werden muß, daß das öffentliche Recht ursprünglich Gegenstand des Lübischen Rechts war, so erscheint auch die Behauptung des Fiskus, daß das Recht des Raths ad bona vacantia ein Nachsatz der in den Jahren 1582—1586 vorgenommenen Revision des Lübischen Rechts und namentlich aus dem römischen Rechte in dasselbe übergegangen sei, äußerst hinfällig; denn das römische Recht betrachtet das jus ad bona vacantia als ein nur dem Staate zustehendes, welches nicht von Privat- oder moralischen Personen erworben werden konnte; folglich kann diese Bestimmung des Lübischen Rechts nicht aus dem römischen Rechte entlehnt sein, sondern muß vielmehr aus früheren

Zeiten originiren, und da das qu. Privilegium sich aus Mitte des 13. Jahrhunderts herschreibt, um diese Zeit sich aber das römische Recht schon überall in Deutschland verbreitet hatte, das jus ad bona vacantia daher schon ein integrirender Theil des Lübischen Rechts war, so hat Colberg natürlich mit der Acquisition des Privilegii zugleich das Recht auf die herrenlosen Nachlaßmassen erworben. Es steht also schon nach dem Vorangeführten dem Kläger das jus ad bona vacantia zu; außerdem aber hat er zur Unterstützung seiner Gerechtsame sich auf die in Colberg beobachtete Observanz bezogen, und zum Beweise, daß ihm in der letzten Hälfte des verflossenen Jahrhunderts mehrere herrenlose Nachlaßmassen zugeschlagen worden, Original-Beläge der Kämmerei-Rechnungen des Colberger Magistrats beigebracht, die jedoch Beklagter, da sie mit einem Siegel nicht versehen sind, nicht anerkannt hat. Nach § 127 Tit. 10 der Allg. Ger.O. gehören aber dergleichen Beläge zu den Documentis publicis extrajudicialibus, welche keiner Rekognition bedürfen, und der Einwand des fehlenden Siegels ist irrelevant, weil die Gesetze nirgends vorschreiben, daß dergleichen Dokumente ein Siegel haben müssen. Obgleich nun nach der Einleitung zum A.L.R. Gewohnheitsrechte und Observanzen in den Provinzen und einzelne Gewohnheiten Gesetzeskraft erlangen können, so hat jedoch die preußische Gesetzgebung nirgend die Requisite einer zum Gesetz gewordenen Observanz bezeichnet, und dieselben müssen daher aus dem römischen Rechte entlehnt werden. Hiernach wird dreierlei gefordert:

1) Pluralitas et conformitas actuum.
2) Diuturnitas temporum.
3) Approbatio sucita imperantis.

Das letztere und erstere Erforderniß ist unbezweifelt vorhanden; ersteres, indem mehr als zwei Fälle vorhanden sind und dieses nur durch das römische Recht bedingt wird, letzteres aber, weil die gesetzgebende Gewalt durch das Landrecht die Gesetzeskraft der Observanzen anerkennt, und es fragt sich daher nur, ob das zweite Requisit, nämlich die diuturnitas temporum ebenfalls sich vorfindet. Das Landrecht bestimmt hierüber garnicht und die römischen Rechtslehrer sind darüber, ob zur Entstehung einer Observanz die Verjährungsfristen nothwendig seien, getheilter Ansicht, oder das römische Recht selbst giebt vielmehr gar keinen genügenden Aufschluß, weil die L. 32. 33. 35. Dig. I. 3. nur von einer diuturna consuetudo, ohne den Zeitraum zu bezeichnen, sprechen. Nur im kanonischen Rechte und namentlich Cap. ult. extra de consuetudine I, 4. ist einmal die Rede von einer ligitima consuetudo praescripta, doch wird diese Stelle von den meisten Rechtslehrern und namentlich von Glück nicht auf das Gewohnheitsrecht, sondern auf die Rechte einzelner, die durch Verjährung erworben worden, bezogen, und wäre nun auch der Ausdruck legitima consuetudo praescripta auf das Gewohnheitsrecht zu beziehen, so muß, da weder das römische noch das kanonische Recht eine Zeit bestimmt, angenommen werden, daß der Zeitraum vom arbitrio judicis abhänge. Ist letzteres aber der Fall, so ist anzunehmen, daß in dem vorliegenden Falle diuturnitas temporum vorhanden sei, indem seit der ersten Acquisition des Klägers von den hier in Rede stehenden herrenlosen Nachlaßmassen 40, seit der letzten aber über 20 Jahre verflossen sind. Beklagter hat nun zwar der vom Kläger behaupteten Observanz noch zwei Einwendungen entgegengesetzt, nämlich einmal, daß er von der Erwerbung der bona vacantia des Magistrats nichts gewußt habe, und dann, daß die sich bildende Observanz durch Unterbrechung aufgehoben worden wäre, indem ihm selbst in den letztverflossenen Jahren eine herrenlose Nachlaßmasse aus Colberg zugesprochen sei, diese Einwendungen sind indeß beide einflußlos und ohne allen Gehalt. Was den ersten anbetrifft, so kennt das Gesetz eine solche Aufhebung des sich bildenden Gewohnheitsrechts nicht und der letztere wird von den meisten römischen Rechtslehrern, namentlich von Thibeaut § 18 und 19, Schwepe § 33, Wenning-Ingenheim I. § 11 verworfen. Endlich hat Beklagter dem Kläger noch entgegengesetzt, daß er schon um deswillen auf die in Colberg aufkommenden herrenlosen Nachlaßmassen keine Ansprüche habe, weil er bei der im Jahre 1780 auf allerhöchsten Befehl erfolgten Anzeige des dort noch gültigen Lübischen Rechts des Art. 14 Lib. II Tit. II, worin der oft erwähnte Passus enthalten, nicht gedacht habe. Daß dieser Einwand aber höchst hinfällig ist, dürfte zweifellos sein, da Kläger bei jener Anzeige nur im Allgemeinen aufgestellt hat, daß der Tit. II Lib. II genannten Gesetzbuchs und namentlich die darin enthaltene Erbfolge noch gültig sei. Hierdurch läßt sich nur behaupten, daß er auch den Art. 14 habe subsumiren wollen, indem strenge genommen auch dieser eine Erbfolge enthält, nämlich die des Staats oder des Raths, wenn kein anderer Erbe vorhanden. Aber auch angenommen, man wollte dies nicht gelten lassen, so kann ungeachtet der unterlassenen Anzeige des mit dem damaligen Magistrate kombinirten Stadtgerichts die Stadt ihres wohlerworbenen Rechts nicht für verlustig erachtet werden, indem der Magistrat ein von ihm allein begangenes Versehen der Stadt dadurch nicht präjudizirlich sein kann. Der Kostenpunkt rechtfertigt sich durch Tit. 2. § 23. Th. I A.G.O.

Alsleben. Martin. Wendlandt. Deetz. Frentzel.
v. Troschke. Chmike.

Cöslin, den 10. Dezember 1827. v. Krüger.

(Fortsetzung)

(Fortsetzung:)

Zu Beilage Nr. III.

Zu Art. XIV. Tit. II. Lib. II.

Erkenntniß.

(Bisher noch nicht gedruckt.)

In Sachen des Fiskus der Königl. Regierung zu Cöslin, Verklagten und Appellanten, wider den Magistrat zu Colberg, Kläger und Appellaten, erkennt der zweite Senat des Königl. Oberlandesgerichts von Pommern zu Stettin für Recht: daß das am 10. Dezember 1827 eröffnete Erkenntniß des Königl. Oberlandesgerichts von Pommern zu Cöslin lediglich zu bestätigen, dem verklagten Fiskus auch die Kosten dieser Instanz aufzuerlegen, gerichtliche indeß außer Ansatz zu lassen.

Von Rechts wegen.

Gründe:

Nach den Vorschriften des A.L.R. ist das Recht des Verklagten auf erblose Verlassenschaften Th. II Tit. 16 § 16 u. 20 a. a. O. eben so unzweifelhaft, als daß Privatpersonen und Korporationen, welche es vom Staate erworben haben, zu solchen berechtigt sind. Der Kläger, welcher den Erwerb behauptet, setzt die Rechtsbeständigkeit seines Anspruchs vorzüglich in dem Privilegium Herzogs Wratislaff und des Bischofs Hermann vom 6. Juni 1255, wodurch der Stadt Colberg außer mehreren Befugnissen das Lübische Recht verliehen worden ist. Ueber das Verständniß der Worte:

Hinc est, quod notum esse volumus etc.,

s. I. Erkenntniß,

sind beide Theile nicht einig. Verklagter meint nämlich, daß Colberg dadurch nur auf fünf Jahre mit Lübischem Rechte bewidmet worden sei. Indeß leuchtet die Unrichtigkeit dieser Ansicht klar ein. Theils läßt sich dieselbe nicht mit den Regeln der lateinischen Sprache vereinbaren, die hier sodann nicht quinque annis, sondern quinque annos verlangt haben würde, theils aber widerspricht dieser Annahme der unzweifelhaft deutliche Nachsatz „ut eodem jure in perpetuum gaudeant", welchem dann noch die innere Unwahrscheinlichkeit, daß auf einen Zeitraum, insonderheit auf einen so kurzen, einer Stadt damals ein Recht verliehen sein sollte, hinzutritt. Muß man daher mit dem ersten Richter zwar darin übereinstimmen, daß die angezogene Willenserklärung Colberg das Lübische Recht für immer verleihe: so kann ihm doch darin nicht Beifall gegeben werden, daß die Worte „quinque annis liberam" überall unverständlich seien. Nach der grammatikalischen Auslegung heißt quinque annis nichts anderes als das gewöhnlichere ab hinc quinque annis, seit fünf Jahren. Das Privilegium weiset demnach auf fünf Jahre zurück, indem es ganz deutlich zweierlei ausspricht, einmal die Bewidmung mit Lübischem Rechte und sodann den Genuß einer Freiheit, deren Wesen und Bedeutung nicht ausdrücklich angegeben wird, da sie mit dem Lübischen Rechte verbunden ist. Hieraus erklärt sich der natürliche Sinn der Stelle sehr gut also: „Wir haben seit fünf Jahren mit Lübischem Rechte und der damit verbundenen Freiheit, liberam i. e. qualis libera est sive ex libertate, qua fonitur, Colberg den Deutschen geschenkt, damit sie sich dieses Rechts und dieser Freiheit auf immer erfreuen mögen.

Unter dieser libertas verstehen die Ausleger bald die Hoheitsrechte, bald die Freiheit, unter dem Gerichte des Stadt-Magistrats zu stehen und dadurch von dem landesherrlichen exemt zu sein. — G. L. Boehmer, de jure fisci, civitatibus mediatis non competente. p. 370 seq. Gruph. 1800. Sie mag sich wohl vorzugsweise auf das letztere, sowie überhaupt auf die freie Kommunalverfassung bezogen haben. Soviel aber ist gewiß, daß die angezogenen Worte „quinque annis liberam“ dadurch ebenso verständlich werden, als daß das Privilegium der Stadt Colberg für immer das Lübische Recht verleihet. cfr. Brüggemann, Beschreibung von Pommern Th. II Band 2 Seite 483.

Hiernach wäre das Recht des Klägers begründet, wenn angenommen werden müßte, daß um das Jahr 1255, also in dem älteren Lübischen Rechte, dieselbe Bestimmung sich vorfände, welche in dem revidirten Lübischen Gesetzbuche von 1586, wo es lib. II Tit. II Art. 14 heißt: — „Stirbt Jemand ohne kundige Erben, sein nachgelassenes „Gut soll man dem Rate überantworten zu bewahren Jahr und „Tag; würde sich aber binnen Jahr und Tag Niemand angeben, noch, „wie Recht, dazu zeugen lassen, so ist das Erbgut dem Rate heim„gefallen,“ — angetroffen wird. Zu einer solchen Annahme ist man aber allerdings genöthigt, wenn man die Entstehung des revidirten Gesetzbuchs und den Zweck der Revision berücksichtigt. Es kann hier füglich dahingestellt bleiben, wann und wie das ältere Lübische Recht entstanden sei; das wenigstens ist gewiß, daß diejenigen Städte, welche durch Privilegien mit Lübischem Rechte bewidmet sind, dieses lange vor der Revision erhalten haben. In allen diesen Städten gilt jetzt das revidirte Lübische Gesetzbuch, und in den ihnen ertheilten Privilegien ist nirgends ersichtlich, daß darin auf ein bestimmtes Lübisches Gesetzbuch verwiesen sei. Die lübischen Rechtsnormen lebten vielmehr durch die besondere Art der Städte und Gerichtsverfassung bei den

Gerichten und im Volke fort, ohne daß es dazu eines geschriebenen Rechts bedurft hätte. Diese Art der Rechtspflege konnte nun auch, so lange nicht äußere, das eigenthümliche Recht verdunkelnde Umstände hinzutraten, sehr wohl fortbestehen, und es ist auch mit den übrigen ursprünglich deutschen Gesetzen nicht anders gewesen. Als nun aber im zwölften und mehr noch in den folgenden Jahrhunderten das römische und kanonische Recht mehr und mehr die einheimischen Rechtssätze zu verdrängen, verwirren und ungewiß zu machen begannen, wurde das Bedürfniß namentlich auch in Ansehung des Lübischen Rechts, zu wissen, was eigentlich als solches anzusehen sei, bald sehr dringend, und gerade dies bestätigt das oben Gesagte, daß in den mit Lübischem Rechte bewidmeten Städten bei Ertheilung ihres Privilegii ein bestimmtes geschriebenes Gesetzbuch nicht eingeführt worden ist, da in diesem Falle jene allgemeinen Zweifel, was für Lübisches Recht zu halten sei, niemals hätten entstehen können; daß aber allein diese und um die Frage festzustellen, was Lübisches Recht sei, die Veranlassung der in den Jahren 1582—1586 erfolgten Revision gewesen sind, bestätigt die Geschichte. Mevius, indem er die Gründe der Revision durchgeht, sagt: „— Die bedrängten Verhältnisse der mit Lübischem „Recht bewidmeten Städte machten eine solche nöthig. In diesem „Rechte beruhten ihre Privilegien und ihre Gerichtsbarkeit; die Streitigkeiten der Bürger gediehen an die Gerichte zu Lübeck und wurden „nach dortigen Rechtssätzen entschieden; daher war es nothwendig, darin „eine sichere Norm zu haben, worin Unsicherheit den größten Nachtheil „verursachte. Vorzüglich aber entstand unter den Städten und den „Landesfürsten häufig über die Erziehung der Güter, die Bestellung „der Obrigkeiten, die herrenlosen Güter und die Aufnahme der Unterthanen in die Bürgergemeinde Streit, in welcher Rücksicht die Städte, „so lange noch ein Grund zur Vertheidigung entgegenstehender Ansichten möglich war, am meisten Gefahr litten, in ihren Rechten gekürzt zu werden." — Mevius ad jus Lubecense quaest. I. 51—53 praes. —

Nach allem diesen ist der Gegenstand der Revision keineswegs neue Gesetzgebung oder Einführung einzelner neuer Rechtssätze, vielmehr gerade das Gegentheil, die Festsetzung des älteren Lübischen Rechts, welches durch fremde Rechtsnormen ungewiß zu werden begann, gewesen. Für jeden in dem revidirten Gesetzbuche enthaltenen Fall folgt hieraus nichts Anderes, als daß derselbe schon früher und von jeher als Lübisches Recht gegolten habe. Auch ist hierüber unter seinen Auslegern kein Streit, und im vorliegenden Falle ist diese Entscheidung um so unbedenklicher, als es in geschichtlichen und in Gründen innerer

Wahrscheinlichkeit beruht, daß nur das römische und kanonische Recht einen Einfluß auf die deutschen Rechtsprinzipien gehabt haben; und wollte man auch einräumen, daß auch das Lübische Recht von diesem hin und wieder affizirt worden sei, so kann man dies gewiß von dem hier vorliegenden Gesetze nicht sagen. Denn welcher Rechtssatz trüge wohl mehr das Gepräge seiner heimatlichen Abkunft, als dieser, dem die später eingedrungenen geradezu entgegenstehen? Ist aber demnach die Annhme begründet, daß der Artikel 14 lib. II Tit. II des Lübischen Gesetzbuchs als ursprünglich in den Lübischen Rechten enthalten angesehen werden müsse, so kann nicht dem Kläger ein fernerer Beweis obliegen, vielmehr hätte der Verklagte das Gegentheil erweisen müssen. — Stein's Abhandlung des Lübischen Rechts Vorb. § 5 u. 8. — Der klagende Magistrat hat aber auch demnächst eventuell eine Begründung seines Anspruches in dem Umstande finden wollen, daß das Lübische Gesetzbuch vom Jahre 1586 in Colberg durch Gewohnheit rezipirt worden sei, und wenngleich die Thatsache von dem Verklagten bestritten worden ist, so liegt doch kein Grund vor, sie durch Beweis in's Licht zu stellen. Denn das in erster Instanz erkennende Obergericht, welches doch am besten die bei seinen Untergerichten geltenden Provinzialrechte kennen muß, hat bereits in den Gründen des ersten Erkenntnisses ausgesprochen, wie notorisch in Colberg das Lübische Recht gesprochen werde. Ist nun aber dieses Recht in complexu dort rezipirt, so kann es nicht zum Beweise desjenigen, der ein einzelnes Gesetz für sich daraus anführt, gehören, darzuthuen, daß auch dieses die Kraft des Gesetzes erlangt habe. Diese Meinung findet ihren Grund in der allgemeinen Regel, daß dasjenige, was von dem Ganzen gelte, auch in Absicht auf seine Theile zur Anwendung komme. Mevius in prael. qu. 7. § 10 a. a. O. bedient sich derselben Argumentation und gründet darauf den Satz: daß, wenn das Lübische Recht im Allgemeinen rezipirt worden sei (wie hier), nicht derjenige, der behaupte, sondern der, welcher leugne, daß es in Beziehung auf einen darunter begriffenen Rechtssatz gültig sei, den Beweis führen müsse.

Also auch dann, wenn das Lübische Recht Colberg nicht durch ein Privilegium verliehen worden wäre, würde Verklagter den Beweis führen müssen, daß der hier in Rede stehende Satz dort nicht gültig sei. In dieser Beziehung hat nun auch der Verklagte behauptet, daß der Magistrat so anzusehen sei, als habe er bereits im Jahre 1780 anerkannt, daß der Artikel 14. Bd. 2 Tit. 2 des Lübischen Rechts dort keine Anwendung finde, und insofern der Anspruch des Klägers aus dem Privilegium nicht hinlänglich begründet wäre, käme es hierauf an. Verklagter meint nämlich, daß, da der früher mit dem Stadtgerichte vereinigte Magistrat im Jahre 1780 in seinem Berichte an das Hofgericht zu Cöslin den Artikel 14 unter den damals geltenden Provinzialrechten nicht mit aufgeführt habe, derselbe als in Colberg außer Anwendung gekommen zu betrachten sei und man annehmen müsse, daß der Kläger dadurch dies anerkannt habe. Daß dieser Einwand aber zuvörderst in Ansehung des Privilegiums, worauf der Kläger sein Recht gründet, ganz hinfällig ist, leuchtet ein. Wie bereits ausgeführt ist, hat aber Kläger durch das Privilegium das Recht auf erblose Verlassenschaften einmal erworben und nur insofern der Verklagte einen späteren rechtsgültigen Verlust desselben behaupten und nachweisen könnte, würde es wiederum auf ihn übergegangen sein. Dazu ist nun aber der angeführte Umstand überall nicht angethan, denn durch eine solche Anzeige eines Dritten konnte ein jus quasitum so wenig auf der einen Seite verloren gehen, als auf der anderen Seite erworben, vielmehr erforderte dies den Nachweis eines ausdrücklichen Gesetzes, einer entgegenstehenden, durch Angabe spezieller Thatsachen zu begründenden Gewohnheit oder irgend eines anderen gesetzlichen Titels.

Aber auch in Ansehung der klägerischen Behauptung, daß das Gesetzbuch von 1586 in Colberg durch Gewohnheit recipirt worden sei, ist dieser Umstand nicht zu berücksichtigen, denn abgesehen davon, daß die Mitglieder des Stadtgerichts den Rechten des Magistrats und der Stadt durch eine solche Anzeige nichts vergeben konnten und ohne Rücksicht auf die durch Beweisaufnahme nicht ermittelten Anführungen des Klägers, daß das Stadtgericht später berichtet habe, das Lübische Recht komme in Colberg in Ansehung der Erbschaften noch zur Anwendung, so hat der Kläger drei Ausfertigungen aus den Akten des dortigen Stadtgerichts urschriftlich beigebracht, wonach dasselbe der Stadt dergleichen herrenlose Erbschaften annoch unterm 27. Mai 1786, dem 23. Septbr. 1796 und dem 4. Januar 1797 ausgeantwortet hat.

Hieraus folgt von selbst, daß aus dem gedachten Berichte auf keinen Fall das behauptete Anerkenntniß oder die desuetudo des Art. 14 Band 2 Titel 2 des Lübischen Rechts geschlossen werden kann; eher ließe sich das Gegentheil hieraus folgern. Denn wie könnte man annehmen, daß das Stadtgericht 1780 eine Vorschrift für unpraktisch gehalten habe, wenn es dieselbe 1786, 1796 und 1797 zur Anwendung brachte? Der Verklagte hat nun zwar jene, von den Mitgliedern des Stadtgerichts unterschriebenen Ausfertigungen nicht rekognosciren wollen und ihnen die Beweiskraft abgesprochen, weil ihnen das öffentliche Siegel fehle, indessen bedarf es ebensowenig einer Rekognition öffentlicher Urkunden wie die vorliegenden sind, — — (§ 126 Thl. I. Tit. 10 der

A.G.O.), — als zum Beweise die Beidrückung des Siegels nothwendig, zumal derselben darin nicht gedacht ist.

Der Verklagte hat dem klägerischen Anspruch aber noch folgenden Einwand entgegengesetzt: „daß nämlich das Lübische Recht nur in seinen privatrechtlichen Bestimmungen, nicht aber in Ansehung der damit verbundenen öffentlichen Rechte in den Landstädten zur Ausübung gebracht werden könne. Er meint, daß die jura fisci zwar Lübeck, als einer freien Reichsstadt zugestanden hätten, da sie die Landeshoheit ausübe, diejenigen Städte aber, welche dem Reiche nicht unmittelbar unterworfen gewesen wären, könnten sich ein gleiches Recht nicht anmaßen. Der erste Richter, welcher den klägerischen Anspruch in der geschichtlichen Entstehung des älteren Lübischen Rechts findet und mit Stein, Einleitung zum Lübischen Rechte, annimmt, daß der publizistische Theil des Lübischen Rechts der älteste, daß dieser von Herzog Heinrich dem Löwen, ähnlich dem Süster Stadtrechte, der Stadt Lübeck verliehen worden sei, hält es für sehr wahrscheinlich, daß die Fürsten, um den Städten zu schmeicheln und sie fester an sich zu knüpfen, in der Ertheilung dieser öffentlichen Rechte ein Mittel dazu gefunden hätten. Er beruft sich sodann auf die Auktorität des Stein und Mevius und meint endlich, daß die Verleihung des Lübischen Privatrechts keine besondere Wohlthat für die Städte gewesen sei und daß man daher für den Kläger die Bestimmungen des Landrechts: „Im Uebrigen sind die Privilegien und Freiheiten so zu deuten, daß die wohlthätige Absicht des Gebers dabei nicht verfehlt oder vereitelt werde,“ zur Anwendung bringen müsse. — Es ist bedenklich, aus einem so sehr bestrittenen und im Dunkeln liegenden Umstande, wie die Entstehung des Lübischen Rechts ist, welche selbst der Vertheidiger der von dem ersten Urtelsfasser angenommenen Meinung mehr als Hypothese, denn als gegründete Wahrheit aufstellt, cfr. Stein, Vorbericht zur Abhandlung des Lübischen Rechts § 3—7, — etwas für den Kläger zu entnehmen. Kommt es aber auf die Auktorität der Ausleger des Lübischen Rechts an, so hat der erste Richter guten Grund, auf Stein und Mevius zu bauen, welche in einzelnen Städten zum Theil durch Rechtsschlüsse gesetzliche Kraft erhalten haben. Indessen werden hier weniger ihre Meinungen, — § 6 der Einleitung zum A.L.R., — als ihre Gründe Gewicht haben. — Stein I. Theil § 20 a. a. O. sagt:

> „Ob nun gleich keine Landstädte, sie mögen noch so privilegirt sein, als sie immer wollen, doch im geringsten nicht sich eine Macht oder Gerechtsame anmaßen können, welche die Landeshoheit zum Grunde hat, so haben doch diejenigen Städte, welchen von ihren Landesherren Lübisches Recht verliehen, auch der Macht und

Gerechtsame, so darinnen beschrieben sind, sich zu bedienen, wo nicht einige Stücke besonders wären ausgenommen worden, denn dies erhellt aus der Natur der Concession. Dieserwegen hat eine mit Lübischem Rechte beliehene Stadt das Recht, erblose Güter an sich zu ziehen u. s. w.

Ferner Th. II. § 295 a. a. O.:

Endlich sieht man, daß die Stadt Lübeck die Macht hat, erblose Güter an sich zu nehmen, und ihr also die jura fisci zustehen. Von der Stadt Lübeck, als einer freien Reichsstadt, ist dieses nun zwar nichts besonderes, allein es haben sich daher auch andere Landstädte, die mit Lübischem Rechte beliehen sind, ein gleiches Recht anzumaßen. Denn nach gemeinen deutschen Rechtssätzen hat sowohl das Amt des Magistrats, als auch die Jurisdiktion einen weiteren Inbegriff, als von demselben nach römischen Rechten prädiziret werden mag.

Mevius, qu. prael. 8 a. a. O. unterscheidet, ob eine Landstadt durch Privilegien mit Lübischem Rechte bewidmet, oder dasselbe in ihr durch Gewohnheit aufgenommen sei. In beiden Fällen spricht er den Landstädten das Recht auf erblose Güter und namentlich auf erblose Verlassenschaften zu, und zwar gründet er in Ansehung des ersten seine Ansicht auf die noch jetzt zur Anwendung kommende Regel:

daß auf die Worte des Privilegiums zu sehen sei;

— § 65 Th. I Tit. 4 A.L.R. —

wo dieses einer Stadt das Lübische Recht allgemein verleihe, da habe man keinen Grund, einen Theil desselben auszunehmen.

Wo aber das Lübische Recht auch nur durch Gewohnheit in complexu Gültigkeit erlangt hat, ständen den Städten die Hoheitsrechte zu, in soferne sie solche durch unvordenkliche Verjährung erworben hätten. In Beziehung auf die herrenlosen Erbschaften aber ist er der Meinung, daß sie aus dem von Stein angeführten Grunde und weil der Usus solches allgemein festgestellt habe, den Städten ohne Unterschied gebühren.

Mevius ad p. II. Tit. II. art. XIV.

Die Gegner, von welchen Mevius als den vorzüglicheren den Cothannus nennet, auf den sich auch der Verklagte berufen hat, wollen in den Rechten der deutschen Landstädte die Regel des römischen Rechts, wonach Fiskus die erblosen Güter überkommt, und insonderheit die Verfassung der römischen Munizipien, welche privatorum loco sind, zur Anwendung bringen. cfr. 1. 15. 16. D. de verb. signific., in welchen gesagt wird, daß die Munizipien nur als Privatpersonen anzusehen sind, woraus dann natürlich folgt, daß sie nach den Prinzipien des römischen Rechts jura fisci nicht haben. Mit Recht aber sind die Ausleger des Lübischen Rechts der Meinung, daß, wo es auf ursprüngliche deutsche Verfassung ankomme, das römische Recht als erläuternd und abändernd nicht angenommen werden könne.

Mevius in prael. qu. §§ 18. l. a.

Stein a. a. O. Vorbericht § 11.

Demnach ist kein Bedenken, den überwiegenden Gründen des Stein und Mevius den Vorzug zu geben.

Der Einwand des Verklagten, daß es undenkbar sei, wie ein Fürst seinen Städten dergleichen Hoheitsrechte solle verliehen haben, ist um so unhaltbarer, als die meisten deutschen Provinzialrechte ähnliche Bestimmungen enthalten, namentlich der in früherer Zeit in dem größten Theil von Deutschland gültige Sachsenspiegel, — Band I Art. 28; — nicht minder das, hiesigen Orts geltende Magdeburgische Recht: Sibrand cap. 5. § 7. — Auch spricht für das Recht des Klägers sehr deutlich der Umstand, daß außer dem im Jahre 1824 sich ereigneten Falle, wo ein Löper'scher Nachlaß als bonum vacans vom Stadtgericht zu Colberg dem Fiskus zugesprochen worden, Verklagter Fiskus keinen einzigen früheren Fall namhaft gemacht hat, wo in Colberg eine erblose Verlassenschaft an den Fiskus gelangt wäre. Solche Fälle müßten aber, wäre klagender Magistrat deshalb nicht im Besitze gewesen, vorgekommen und sie nachzuweisen dem Fiskus ein Leichtes gewesen sein.

Der Kostenpunkt findet seine Rechtfertigung in §§ 6 u. 46 Th. I. Tit. 23 A.G.O., weshalb überall, wie geschehen, zu erkennen gewesen.

Stettin, den 18. September 1828.

(L. S.) Menzel.

Publicatum Cöslin, den 8. Oktober 1828.

v. Puttkammer.

In Sachen des Fiskus — Regierung zu Cöslin — Verklagten und Revidenten wider den Magistrat zu Colberg, Kläger und Revisen

erkennt das Königl. Geheime Ober-Tribunal für Recht:

daß formalia revisionis richtig, in der Sache selbst jedoch sententiae a quibus des Oberlandesgerichts zu Cöslin und des zweiten Senats des Oberlandesgerichts zu Stettin de publicato den 10. Dezember 1827 und 8. Oktober 1828, lediglich zu bestätigen, Revident auch die Kosten dieser Instanz zu tragen schuldig, von welcher jedoch die gerichtlichen außer Ansatz zu lassen.

Von Rechts wegen.

(L. S.) v. Grolmann.

Publicatum Cöslin, den 4. Juni 1829.

v. Puttkammer.

IV.

Zu Artikel IV Libr. III Titel XII des Lübischen Rechts.

Entscheidung des Königlichen Ober-Tribunals zu Berlin.

Im Namen des Königs!

In der schleunigen Bausache der Rentier M.'schen Eheleute zu C., Verklagten und Imploranten,

gegen

den Kaufmann G. M. daselbst, Kläger und Imploraten,

hat der zweite Senat des Königlichen Ober-Tribunals in seiner Sitzung vom 19. März 1878, an welcher Theil genommen haben: der Ober-Tribunalsrath v. Goldbeck als Vorsitzender, die Ober-Tribunalsräthe Stinner, Schwarz, Gottschewski, Kirchhoff, Busch, Spener und Paris,

für Recht erkannt:

daß die gegen das Erkenntniß des Königlichen Appellationsgerichts zu Cöslin vom 19. Januar 1878 eingelegte Nichtigkeitsbeschwerde zurückzuweisen und dem Imploranten die Kosten des Nichtigkeits-Verfahrens aufzuerlegen.

Von Rechts wegen

Gründe:

Der Appellationsrichter geht von der unangefochtenen thatsächlichen Feststellung aus, daß das Bedürfniß zur Erbauung einer neuen Brandmauer nicht durch deren Verfall, sondern durch den von dem Verklagten beabsichtigten Neubau seines Hauses hervorgerufen ist; und erachtet in einem solchen Fall den Artikel V lib. 3 Tit. 12 des Lübischen Rechts selbst dann nicht für anwendbar, wenn dieser Neubau nothwendig ist. Er erörtert dann, ob nach sonstigen allgemeinen Rechtsgrundsätzen über das Miteigenthum und namentlich über das Miteigenthum an einer gemeinschaftlichen Brandmauer dem einen Miteigenthümer das Recht zustehe, einseitig über die Substanz derselben zu verfügen und sie namentlich bis zur Hälfte ihrer Dicke abzubrechen, um sie neu aufzuführen. Er gelangt zu dem Resultat, daß dies nach § 10 Tit. 17 Th. I A.L.R. unzulässig ist, und daß die Ausnahme, welche Art. IV libr. III Tit. 12 des Lübischen Rechts in Uebereinstimmung mit § 135 Tit. 8 Th. I A.L.R. in Betreff der einseitigen Benutzung der Hälfte einer Brandmauer von dem Prinzip des § 10 cit. konstituiren, nicht über ihren Wortlaut ausgedehnt werden könne und sich daher das Recht auf Abbruch der Mauer daraus nicht herleiten lasse.

Mit Unrecht rügt die Nichtigkeitsbeschwerde, daß der Appellationsrichter hierdurch die von ihm angezogenen Gesetze verletzt habe. Die in den Artikeln IV und folgende lib. 3 Tit. 12 des Lübischen Rechts aufgestellten Grundsätze über die Rechte der Nachbarn an einer gemeinschaftlichen Mauer stimmen, wie auch Wilmowski in seinem Lübischen Recht ausführt, im Wesentlichen mit denen des gemeinen Rechts und des A.L.R. überein, mit alleiniger Ausnahme des Artikel V, der eine abweichende Bestimmung zu Gunsten des Bauenden enthält, indem er verordnet, daß wenn eine gemeinschaftliche Brandmauer zwischen zweien Nachbarn nothwendig müßte gebaut werden, und der eine Nachbar sich weigert zu bauen, der andere Nachbar das Recht haben solle, das Alleineigenthum an der Mauer zu erwerben, wenn er sie nach Ablauf eines Jahres, nachdem er dem Nachbarn seine Absicht durch zwei Bürger hat ankündigen lassen, allein wieder hat aufführen lassen. Dies ist eine ganz singuläre Bestimmung, welche strikte interpretirt werden muß. Mit Recht hat daher der Appellationsrichter angenommen, daß die darin enthaltene Voraussetzung der Nothwendigkeit des Neubaues der Mauer im Sinne des Gesetzes nur dann für vorhanden erachtet werden kann, wenn sie durch die Beschaffenheit der Mauer selbst bedingt wird, nicht aber auch dann, wenn die Umstände, welche den Neubau veranlassen, außerhalb des gemeinschaftlichen Eigenthums liegen und nur das Sondereigenthum des einen Miteigenthümers betreffen. Richtig ist, daß durch den Artikel V dem Bauenden ein Recht gewährt werden solle, und daß die ihm nach allgemeinen Grundsätzen sonst zustehenden Rechte in keiner Weise dadurch beschränkt sind. Namentlich wird auch die Frage dadurch nicht berührt, ob er in dem Falle, wenn die Beschaffenheit der gemeinsamen Mauer einen Neubau derselben absolut nöthig macht, nicht sofort auf gemeinschaftliche Ausführung des Baues klagen oder aber denselben allein auf seine Kosten ausführen und die Hälfte derselben von dem Miteigenthümer einklagen kann. Darüber verhält sich der Artikel V nicht, der vielmehr bloß von den Voraussetzungen spricht, unter denen ein Miteigenthümer das Alleineigenthum an der ganzen Mauer erwerben kann. Jene Frage muß daher nach anderen gesetzlichen Bestimmungen entschieden werden. Sie kann aber hier auf sich beruhen, da der Fall einer durch die Beschaffenheit der Mauer selbst bedingten Nothwendigkeit des Neubaues nicht vorliegt, es sich hier vielmehr nur darum handelt, ob ein Miteigenthümer, der in seinem speziellen Interesse zum Neubau seines eigenen Hauses gezwungen ist, berechtigt erscheint, die gemeinschaftliche

Mauer bis zur Hälfte abzubrechen. Diese Frage hat der Appellationsrichter auf Grund des § 10 Tit. 17 Thl. I, des § 135 Tit. 8 Thl. I A.L.R. und des Artikel IV lib. 3. Tit. 12. des Lübischen Rechts mit Recht verneint. Aus dem allgemeinen Grundsatz des § 10 Tit. 17 Thl. I. A.L.R. folgt klar das Gegentheil, und es kann sich daher nur fragen, ob der § 135 Tit. 8 Thl. I. A.L.R. oder Artikel IV lib. 3 Tit. 12. des Lübischen Rechts für gemeinschaftliche Mauern einen andern Grundsatz aufstellen. Nach § 135 cit. kann jeder Nachbar eine gemeinschaftliche Mauer seiner Seite bis zur Hälfte der Dicke zu seinem Nutzen gebrauchen, insofern dadurch dem Gebäude selbst kein Nachtheil geschieht. Dies Gesetz begründet also allerdings eine Ausnahme von dem allgemeinen Prinzip des § 10 Tit. 17, da nach diesem bei einem Miteigenthum pro indiviso ein Gebrauch einer realen Hälfte der Mauer ohne Zustimmung des andern Miteigenthümers ausgeschlossen sein würde. Als Ausnahme von der Regel muß die Bestimmung aber strikte interpretirt werden, und daraus folgt, daß der in derselben gestattete Gebrauch nicht soweit ausgedehnt werden darf, daß der dem einen Nachbar nur zum Gebrauch überwiesene Theil derselben gänzlich beseitigt wird. Ein solcher Eingriff in das Miteigenthum kann weder durch die bloße Absicht künftiger Wiederherstellung, noch durch das dringende Bedürfniß des Miteigenthümers gerechtfertigt werden, welches allein in den Verhältnissen seines Sondereigenthums seinen Grund hat. Ein solches Bedürfniß kann nicht mit der Baufälligkeit der Mauer selbst auf gleiche Linie gestellt werden und eine Nothwendigkeit des Abbruchs und Neubaues der Mauer begründen. Die Mauer ist, wie der Appellationsrichter festgestellt hat, so beschaffen, daß sie unverändert stehen bleiben kann. Das Recht des Verklagten geht nach § 135 cit. und dem damit übereinstimmenden Artikel IV lib. 3. Tit. 12 des Lübischen Rechts nur soweit, daß er sie bei seinem Neubau bis zur Hälfte ihrer Dicke benutzen kann. Danach muß er seinen Neubau einrichten oder auf deren Benutzung verzichten. Eine Art des Neubaues, welche ihn zum Abbruch und Neubau der Mauer zwingt darf er ohne Einwilligung des Miteigenthümers nicht ausführen.

cfr. Striethorst Archiv Band 54. S. 169.

Die Nichtigkeitsbeschwerde mußte hiernach als unbegründet zurückgewiesen werden. Den Kostenpunkt regelt § 18 der Verordnung vom 14. December 1833.

Ausgefertigt unter Siegel und Unterschrift des Königlichen Ober-Tribunals.

Berlin, den 19. März 1878. v. Goldbeck.

V.

Zu Art. 7 und 13 Tit. 12 Buch III des Lübischen Rechts.

In Sachen des Gastwirths Friedrich R. auf Colbergermünde, Klägers, wider den Königl. Steuerfiskus, vertreten durch das Königl. Hauptzollamt daselbst, Verklagten, hat der zweite Senat des Königl. Oberlandesgerichts zu Stettin in seiner Sitzung vom 18. Januar 1844, an welcher Theil genommen haben ꝛc., auf den Antrag zweier Referenten den Akten gemäß erkannt,

> daß das Erkenntniß des Civil-Senats des Königl. Oberlandesgerichts zu Cöslin de ins. den 4. Oktober pr. zu bestätigen, Kläger in die Kosten dieser Instanz und in 2 Thaler Succumbenzstrafe zu verurtheilen.

Von Rechts wegen.

Gründe.

Des Klägers Garten grenzt mit dem zum Königl. Lizenthause in Colbergermünde gehörigen Garten. Anfangs September v. J. erweiterte der Steuerfiskus dieses Lizenthaus durch einen Anbau in dem zu demselben gehörigen Garten bis auf 1½ Fuß gegen die Grenze des Klägers und legte in der nach der Seite des Grundstückes desselben zu liegenden Seite zwei große und zwei kleine Fenster an. Durch diese neue Anlage hält sich der Kläger auf Grund des Art. 13. Tit. 12 Lib. III des in Colbergermünde geltenden Lübischen Rechts verletzt, hat deshalb dahin angetragen:

> den verklagten Fiskus zu verurtheilen, sofort bei Vermeidung der Exekution die in dem im Lizenthause gemachten Anbau angebrachten vier Fensteröffnungen zuzumauern und dem Verklagten die Kosten des Prozesses zur Last zu legen.

Dem widerspricht derselbe, theils weil die Giebelwand, in welcher die Fenster angelegt seien, nicht unmittelbar auf der Grenze stehe, die Aussicht mithin nicht unmittelbar in den Garten des Klägers, sondern auf seinen Fundus gehe, deshalb nach seiner Ansicht der angezogene Passus des Lübischen Rechts keine Anwendung finde, theils weil, wie Kläger zugesteht, in dem früheren Giebel des Lizenthauses ein zweiflügelichtes Fenster befindlich gewesen, welches gleichfalls die Aussicht nach dem Garten des Klägers gehabt habe. Im Laufe der Instruktion suchte der Kläger noch auszuführen, daß der verklagte Fiskus auch gegen den Art. VII angeführten Orts verstoßen habe, indem der Neubau ihm insofern zum Schaden gereiche, weil der Verklagte jetzt aus den vier ganz nahen Oeffnungen der Natur der Sache nach seinen Grund und Boden weit bequemer und vollständiger übersehen könne, als früher, und weil, wenn er nach seiner Absicht in diesem Jahre bis an die Grenze bauen wolle, bei der Existenz der Fenster der Verklagte ihm möglicherweise Schwierigkeiten in den Weg legen könne. Der Civil-Senat des Königl. Oberlandesgerichts zu Cöslin erkannte hierauf auf Abweisung des Klägers unter dessen Verurtheilung in die Kosten.

Wider diese Entscheidung, welche sich lediglich in der Annahme gründet, daß der der Klage zum Grunde liegende Artikel 13 zu den in Colberg nicht rezipirten Vorschriften des Lübischen Rechts gehöre, hat der Kläger appellirt. Sein Appellationsbericht beschränkt sich nur auf eine Widerlegung der von dem ersten Richter aufgestellten Ansicht, er nimmt mehrere Sachen in Bezug, in welchen das Königl. Land- und Stadtgericht zu Colberg selbst in der neuesten Zeit in Uebereinstimmung mit dem Königl. Oberlandesgerichte zu Cöslin und dem Königl. Geh. Obertribunal die entgegengesetzte Ansicht ausgesprochen habe. Sein Antrag ist auf Abänderung des I. Erkenntnisses pro petito gerichtet.

Der verklagte Fiskus sucht dagegen wieder die von dem ersten Richter ausgesprochene Ansicht zu rechtfertigen, er allegirt seiner Seits einige Sachen, in welchen dieselbe Ansicht bereits früher aufgestellt worden. Das Königl. Land- und Stadtgericht zu Colberg hat sich demnächst noch gutachtlich über die Anwendbarkeit des Art. XIII. Tit. 12 Lib. III des Lübischen Rechts geäußert und sich für Anwendung desselben ausgesprochen. Dieser Ansicht mußte auch beigetreten werden. Es unterliegt nämlich, womit auch judex a quo einverstanden ist, keinem rechtlichen Bedenken, daß die Stadt Colberg in Folge des derselben im Jahre 1255 durch den Bischof Herrmann und den Herzog Wratislaw ertheilten Privilegii mit dem Lübischen Rechte beliehen worden. (S. 14 des Statutarrechts). Ein bisher in Kraft gewesenes Gesetz kann aber nur durch ein später aufhebendes außer Wirksamkeit gesetzt werden (§ 63 Einl. z. A.L.R.). Es fragt sich daher, ob dieser Fall hier vorliegt. Dies folgert judex a quo aus dem Umstande, daß in der auf Grund des im Jahre 1780 erstatteten Berichts des Magistrats in Colberg von dem damaligen Hofgerichte zu Cöslin angefertigten Zusammenstellung der noch gültigen Vorschriften des Lübischen Rechts der betreffende Art. XIII nicht mit aufgenommen worden sei. Der Magistrat, auf dessen einseitige Angaben die Zusammenstellung des Hofgerichts zu Cöslin beruhte, konnte jedoch durch Unterlassung von Angaben der Stadt ein bereits von dieser wohl erworbenes Recht nicht vergeben. Auf den Bericht an das Justizdepartement über jene Zusammenstellung erfolgt kein Gesetz, durch welches die in derselben nicht aufgeführten Artikel außer Kraft gesetzt würden; eine Aufhebung von Provinzialgesetzen ist durch das A.L.R. (§ 3 der Einleitung) nicht ausgesprochen, es muß daher das Lübische Recht in Colberg, insofern nicht eine spätere ausdrückliche Aufhebung stattgefunden, oder die völlige Umformung der Verhältnisse, seine Anwendbarkeit unmöglich gemacht hat, noch in dem Umfange für geltend angenommen werden, in welchem es nach der Verleihungs-Urkunde Eingang fand. Für diese Ansicht hat sich auch das Königl. Geh. Obertribunal in Sachen Kleist wider Labes und Kräft insoweit ausgesprochen, als es den Art. XII, welcher gleichfalls zu den in der gedachten Zusammenstellung nicht mit aufgeführten gehört, in der neuesten Zeit nur um deshalb nicht mehr für anwendbar erachtet hat, weil dieser Artikel die Einschränkung einer Gewerbefreiheit enthält, welche durch die später ergangenen Gesetze aufgehoben worden. Kommt nach dieser Ausführung aber der Art. XIII in Anwendung, so fragt es sich ferner, wie die hier angeblich verletzte Gesetzesstelle auszulegen ist. Dieselbe lautet wörtlich: „es mögen auch „keine neue Gänge, Wohnungen oder Wohnkeller, Fenster, Thüren, „Schure, da vormals keine gewesen, angerichtet werden, wie dann auch „keine Schornsteine oder Feuerstetten, da hier bevor keine gestanden, „ohne der Nachbarn Willen und Vergünstigung."

Der Kläger will nach dieser Bestimmung jede Anlage von Fenstern, wo bisher keine gewesen, verpönt wissen, dagegen der Verklagte sie nur auf den Fall angewandt wissen will, wo Jemand ein Gebäude unmittelbar auf der Grenze aufgeführt habe. Es ist unverkennbar, daß eine Auslegung dieser Gesetzstelle im Sinne des Klägers zu den größten Lächerlichkeiten führen könnte, es erscheint dieselbe mindestens dunkel und kann nur nach der gegenwärtig bestehenden Gesetzgebung interpretirt werden. Diese läßt nun aber die Aufführung von neuen Gebäuden, welche auf einen unbebauten Platz des Klägers stößt, insoweit zu, als ein Abstand von 1½ Werkschuhen verbleibt, § 140 Tit. 8 A.L.R., und verstattet die Anlage von Fenstern in der eigenen Wand oder Mauer, wenn dieselbe gleich eine Aussicht über die benachbarten Gründe gewährt (§ 137 l. c.). Diesen Bestimmungen hat der Verklagte nun aber vollständig genügt, die Anlage kann deshalb als eine gesetzwidrige nicht erachtet werden. Der Kläger vermeint zwar, daß der Verklagte auch gegen den Art. VII Tit. XII Th. III des Lübischen Rechts verstoßen habe, die von ihm angeführten Momente entsprechen jedoch nicht dem Begriffe des Schadens, wie ihn der Gesetzgeber im § 4 Tit. 6 Th. I A.L.R. aufstellt, daher von Anwendung jener Bestimmung hier nicht die Rede sein kann. Bei dieser Lage der Sache fehlt es der

Klage an allem rechtlichen Fundamente, daher die Abweisung nicht bedenklich sein konnte.

Der Kostenpunkt erledigt sich durch § 6 Tit. 23 A.P.O.

(S. L.) Selbstherr.

VI.

Zu Art. 3. 7. und 13 Tit. 12 Buch 3 des Lübischen Rechts von 1586.

(Aus Entscheidungen des Ober-Tribunals Band 59 Seite 34.)

Bezieht sich die Beschränkung wegen Anlegung von Fenstern und Thüren aus Art. 13 Tit. 12 Buch 3 des revidirten Lübischen Rechts nur auf solche Fenster und Thüren, welche auf oder unmittelbar an der Grenze eines Nachbargrundstücks eingerichtet werden?

Revidirtes Lübisches Recht von 1586, Art. 3. 7 u. 13. Titel 12 Buch 3.

Erkenntniß

des Ober-Tribunals vom 14. November 1867.

Der Schlosser P., Besitzer eines in der Stadt Belgard belegenen, bis dahin unbebauten Grundstücks, hatte im Jahre 1865 auf demselben verschiedene Gebäude errichtet. Zu den neuen Gebäuden gehörte ein Wohnhaus, welches mit seiner Hinterfront dem Grundstücke seines Nachbars zugewendet war. Die Entfernung des Wohnhauses von dem benachbarten Grundstücke betrug in der ganzen Ausdehnung drei Fuß oder, was streitig war, $2^1/_2$—3 Fuß. In der Hinterwand des neu erbauten Wohnhauses nach der Seite des Nachbars hin waren eine Thür und verschiedene Fenster angebracht worden. Gestützt auf Art. 3, 7 und 13 Tit. 12 Buch 3 des Lübischen Rechts beantragte der Nachbar des Bauenden, Töpfermeister D.

den Letzteren zu verurtheilen, die gedachten Anlagen zuzumauern.

Verklagter widersprach dem Antrage. Er wendete unter Anderem ein, daß der Art. 13 a. a. O. nur auf unmittelbar an der Grenze oder auf derselben stehende Baulichkeiten zu beziehen sei. Das Kreisgericht zu Belgard erkannte auch aus diesem Grunde auf Abweisung des Klägers, und auf die Appellation des letzteren wurde diese Entscheidung von dem Appellationsgericht zu Cöslin durch Erkenntniß vom 15. Januar 1867 bestätigt.

Kläger erhob nunmehr die Nichtigkeitsbeschwerde, die Verletzung des Art. 13 a. a. O. behauptend. Der zweite Senat des Ober-Tribunals vernichtete auch am 14. November 1867 die Appellations-Entscheidung wegen unrichtiger Auslegung des mehrerwähnten Art. 13 a. a. O. Die hierauf bezüglichen

Erkenntnißgründe

lauten:

Im vorliegenden Falle handelt es sich um die Auslegung verschiedener Bauvorschriften des Lübischen Rechts. Um für deren Interpretation den richtigen Standpunkt zu gewinnen, ist es am Orte, auf diese Materie, soweit solche nach dem Lübischen Statute sich gestaltet, etwas näher einzugehen. Gleich dem gemeinen Recht gestattet das Lübische jedem Eigenthümer, auf seinem Grund und Boden nach freiem Belieben Gebäude zu errichten. Die Schranken, welche dieser Freiheit entgegenstehen, sind wohl erworbene Rechte dritter Personen und gesetzliche Vorschriften, durch welche die Baufreiheit des Eigenthümers entweder zum Besten des gemeinen Wesens, oder zum Nutzen der Nachbaren eingeschränkt wird. — Handelt es sich um die Auslegung der in dem Lübischen Statut enthaltenen gesetzlichen Eigenthumsbeschränkungen, so muß der Sinn der gebrauchten Ausdrücke und der Zweck der gesetzlichen Vorschrift erforscht und dem dadurch erkennbar gewordenen Willen des Gesetzgebers zwar nachgegangen werden, im Uebrigen aber unterliegen diese statutarischen Vorschriften, weil sie Ausnahmen von der gemeinen Regel darstellen, der striktesten Auslegung.

Im vorliegenden Falle geht der zweite Richter von der Voraussetzung aus, daß der Verklagte auf seinem Grund und Boden ein neues Gebäude erbaut und in demselben nach dem Grundstück des Klägers hin, jedoch $2^1/_2$—3 Fuß von der Grenze entfernt, eine Thür und acht Fenster angebracht hat. Der Richter nimmt ferner thatsächlich an, daß der Bauplan des Verklagten von der Polizeibehörde genehmigt und daß eine Abweichung von diesem Plane Seitens des Klägers nicht behauptet worden ist. Es hat aber Kläger behauptet, die Anlage der Thür und Fenster gereiche ihm zum Nachtheil, weil er bei etwaigem künftigen Bau auf eigenem Grund und Boden das Fensterrecht des Verklagten beachten müsse, weil durch die anstoßenden Oeffnungen für seine Fachwerkgebäude die Feuergefährlichkeit vermehrt werde und weil Verklagter durch die Fenster in seine Hinterstube hineinsehen, auch, was bereits geschehen sei, Unreinigkeiten auf sein Grundstück werfen könne. Es ist endlich unstreitig, daß Kläger seine Einwilligung zur Anlegung der Fenster nicht gegeben hat. — Kläger hat sich zur Geltendmachung seines Klagerechts auf Art. 3 und 7 Titel 12 Buch 3 des Lübischen Rechts berufen, der zweite Richter aber deren Anwendbarkeit geleugnet. Implorant behauptet auch gegenwärtig die Verletzung dieser Vorschriften. Dieselben lauten:

Art. 3. Wenn Jemand bauen will, der soll auf seinem Grund und Boden bleiben und sein Fundament also legen und fassen, daß es seinem Nachbar nicht zu nahe, und keinen Schaden oder Nachtheil zufüge — u. s. w.

Art. 7. Wer bauen will, der soll solch Gebäude anstellen, daß er seinem Nachbar nicht zu nahe und Schaden baue; wird darüber geklagt und also befunden, so muß er dasselbige Gebäude wiederum niederbrechen und in vorigen Stand bringen.

Mevius in seinem Kommentar zu diesen Artikeln legt diese Vorschrift dahin aus, daß der Bauende die wohlerworbenen Rechte seines Nachbars und die gesetzlichen Baubeschränkungen respektiren müsse, daß er aber im Uebrigen volle Baufreiheit habe und nicht dafür verantwortlich sei, wenn der Neubau per consequentiam auch dem Nachbar Schaden bringe oder bisherige Vortheile entziehe. Mevius statuirt hiervon nur die nicht auf das Lübische Gesetzbuch, sondern auf die menschliche und natürliche Billigkeit sich gründende Ausnahme, daß der Bauende nicht aus bloßer Chikane zum Schaden seines Nachbars bauen dürfe. Man kann dieser Interpretation zufolge der Ausführung am Eingange dieser Entscheidungsgründe nur beitreten und muß mithin den Angriff, soweit er sich auf Art. 3 und 7 bezieht, verwerfen. Implorant beruft sich aber auch hauptsächlich auf den, nach seiner Behauptung gleichfalls verletzten Art. 13 a. a. O. Derselbe lautet:

Es mögen auch keine neue Gänge, Wohnungen oder Wohnkeller, Fenster, Thüren, Schure (projecta), da vormals keine gewesen, angerichtet werden: Wie denn auch keine Schornsteine oder Feuerstädt, da hiebevor keine gestanden, ohne der Nachbarn Willen und Vergünstigung.

Nach der Ansicht des Appellationsrichters hat diese Vorschrift nur den Zweck, dem Bauenden die Errichtung derartiger Anlagen auf dem ihm nicht gehörenden Grund und Boden seines Nachbars, oder wie der Richter sagt, die Vorrückung dieser Anlagen über seine eigene Grenze resp. in den Luftraum des Nachbars zu verbieten; und demnach beziehe sich der Artikel nur auf Gebäude, welche unmittelbar auf oder an der Grenze errichtet seien. Implorant dagegen ist der Ansicht, daß der Bauende ohne Einwilligung seines Nachbars dergleichen Anlagen auch auf eignem Grund und Boden nach der Seite des nachbarlichen Grundstücks nicht solle errichten dürfen. — Es möchte dahin stehen, ob es in einem statutarischen Gesetz einer Vorschrift bedürfte, welche dem Eigenthümer untersagt, auf dem Grund und Boden seines Nachbars Gebäude zu errichten, oder auf diesen die auf eigenem Grund und Boden angefangenen baulichen Anlagen auszudehnen. Jedenfalls aber enthält das Lübische Statut ein solches Verbot schon in den Art. 3 und 7. Wenn dasselbe nun zuerst dem Eigenthümer die Verbindlichkeit einschärft, mit seinen Bauten auf dem eigenen Grund und Boden zu bleiben, so hätte es keinen Sinn, noch gewisse bauliche Einrichtungen besonders hervorzuheben und deren Errichtung auf des Nachbars Boden zu untersagen: also z. B. anzuordnen, daß der Nachbar nicht befugt sein solle, eine Feuerstätte auf der area seines Nachbars anzulegen oder auf dieselbe auszudehnen. — Der Artikel 13 a. a. O. ist der Nachfolger des Art. 12. Dieser aber verbietet ausdrücklich die Anrichtung und den Betrieb gewisser gefährlicher und unleidlicher Handwerke, wo zuvor keine gewesen, in dem eigenen Grundstück, ohne der Nachbarn Willen. Der Eigenthümer wird hier in suo eingeschränkt und sein Nachbar gegen unbequeme, oder gefährliche Unternehmungen desselben geschützt. Ebenso verhält es sich mit dem Art. 13; auch durch diesen soll der Nachbar gegen gewisse Anlagen, weil sie ihm Unbequemlichkeiten oder Gefahr verursachen könnten, sicher gestellt werden. Die Ausleger des Lübischen Rechts stimmen hiermit überein. — cfr. § 48 des Provinzialrechts für Neuvorpommern und Rügen (S. 48) § 26. S. 35. Statutarrecht für die Städte Alt-Vor- und Hinterpommern. —

Stein in seiner Abhandlung über das Lübische Recht Thl. 3 (§ 227.) sagt über den Art. 13:

> Es ist sonsten nach gemeinen Rechten ein Jeder regulariter befugt, auf seinem Terrain Etwas nach Belieben zu bauen, und in seinen Gebäuden etwas nach Belieben einzurichten. Da auf diese Weise aber oftermalen einem Nachbar nur lediglich zum Possen etwas angelegt werden kann, so haben unsere Rechte dahingegen die jetzt angeführte Verordnung aus beigefügter raison statuiren wollen.

Mevius zu diesem Artikel sagt unter Nr. 8:

> Nach gemeinem Recht könne der Eigenthümer ohne Einwilligung des Nachbars seine Wand öffnen und darin Fenster anlegen, von welchen er das fremde Haus, den Garten oder Grund und Boden zu übersehen vermöge. —
>
> Nostro statuto, fährt er fort: hoc aliud provisum, prohibito, fenestras facere, ubi antea non fuerunt, ita ut ex eo vicini servitutem habeant in aedibus atque parietibus vicinorum ne ultra antiquum modum aperiantur.

Denselben Unterschied des gemeinen und des Lübischen Rechts weist Mevius bei den Schuren, Kaminen und Feuerstedten nach, indem nach jenem Recht die Errichtung dieser Anlagen auf eignem Grund und Boden erlaubt, nach diesem aber ohne der Nachbarn Einwilligung untersagt sei. Für den Abstand ist lediglich die Vicinität, nicht aber der Umstand entscheidend, ob die in Rede stehenden Anlagen an die area des Grundstücks unmittelbar angrenzen. Es kann hiernach kaum einem erheblichen Bedenken unterliegen, die Auslegung des zweiten Richters zu verwerfen. Es wird dagegen angeführt, daß dieser Artikel stringenter Interpretation unterliege und nur eine Anlehnung an die im Art. 3 und 7 ausgesprochenen Rechtssätze enthalte. Allein das Letztere ist nicht zuzugeben, und das Erstere kann nicht dazu dienen, einer aus dem Zusammenhange der in Rede stehenden Vorschriften sich ergebenden Absicht des Statuts entgegengestellt zu werden.

Es wird ferner gesagt, der Art. 13 bestimme keinen Zwischenraum, innerhalb dessen die dort bezeichneten Anlagen nicht ausgeführt werden könnten, mithin würde die schrankenlose Anwendung dieses Artikels in vielen Fällen dahin führen, daß der Eigenthümer wider der Nachbarn Willen sein Grundstück gar nicht bebauen könne. Mag es nun auch dahin gestellt bleiben, ob der Art. 13 für die heutigen Verkehrsverhältnisse zweckmäßig erscheint, oder ob sich dessen Abänderung in Maßgabe der gegenwärtig im Allgemeinen geltenden baupolizeilichen Vorschriften empfiehlt, so liegt es doch außerhalb der richterlichen Sphäre, das Gesetz, weil es nicht mehr passen mag, außer Anwendung zu bringen. Im Uebrigen aber ist es unrichtig, daß eine schrankenlose Anwendung des Artikel 13 geboten sei. Denn einmal findet sich die Schranke darin, daß nur dem Nachbar ein Widerspruchsrecht zusteht und daß es richterlichem Ermessen unterliegt, wer als Nachbar zu betrachten sei. Sodann aber ist der Art. 13 nach dem gleichmäßigen Zeugniß von Stein und Mevius (Stein, Abh. Thl. 3 S. 331; Mevius ad hunc art. additio ad num. 23) niemals zur Anwendung gebracht worden, wenn der eine Nachbar Anlagen der in Rede stehenden Art bedurfte und der andere davon keinen Nachtheil hatte, und dennoch — ohne vernünftigen Grund — seine Einwilligung versagte. In Anerkennung dieses Satzes hat auch der zweite Senat des Ober-Tribunals bereits unterm 25. Oktober 1839 das Präjudiz (Nr. 750) angenommen, daß der Art. 13 l. c. keine Anwendung findet, wenn eine darin erwähnte neue Anlage erweislich dem benachbarten Grundstück nicht gefährlich oder schädlich ist und der Nachbar durch dieselbe in seinem Eigenthumsrecht nicht beeinträchtigt wird. — In Beziehung auf den ersten Klageantrag, bei welchem sich die Entscheidung lediglich auf die unrichtige Auslegung des Art. 13 a. a. O. gründet, ist hiernach die Nichtigkeitsbeschwerde erheblich. Zu erwähnen bleibt noch, daß der zweite Senat in der Sache H. wider W. am 6. Dezember 1859 den Satz angenommen hat, daß die Beschränkung wegen der Anlegung von Fenstern (aus Art. 13 a. a. O.) sich nur auf solche bezieht, die auf oder unmittelbar an der Grenze eingerichtet werden. —

Zur Begründung dieses Satzes wird auch noch darauf hingewiesen, daß nach Lübischem Recht jeder Eigenthümer unmittelbar an der Grenze bauen könne, und auf § 273 — in der zweiten Ausgabe § 284. a von Runde's deutschem Privatrecht —, worin gesagt wird, daß das deutsche statutarische Fenster- oder Lichtrecht darin bestehe, daß der Eigenthümer eines Hauses die Fenster in der Wand seines Hauses, welche unmittelbar an des Nachbars Grund und Boden stößt, ohne des Letzteren Erlaubniß weder vermehren, noch anders anlegen darf, als sie bisher gewesen sind. — Runde verweist hierbei unter Anderen auf Mevius Commentar zu diesem Art. 13. An dieser Stelle spricht Mevius aber nur den Satz aus, daß der Art. 13 sich auf solche Orte beschränke, wo dergleichen verbotene Anlagen bisher nicht bestanden. Dagegen bespricht Mevius die Frage, welchen Nachbarn ein Widerspruchsrecht zustehe, in den Nrn. 29 u. 30. Er beantwortet dieselben dahin: Nachbaren sind diejenigen, welche zur Seite wohnen, nicht aber diejenigen, welche gegenüber wohnen und deren Besitzung von der des Bauenden durch eine Straße oder durch einen öffentlichen Platz getrennt wird.

In dem schon allegirten Provinzialrecht für Neuvorpommern § 48 ist deshalb auch der Satz ausgesprochen, daß der Art. 13 auch da Anwendung finde, wo sich zwischen beiderseitigen fundis noch eine wüste Stelle befinde, also keine direkte Nachbarschaft existire. In der vom Imploranten berufenen Sache D. wider H., in welcher von dem Obertribunal am 22. Juni 1865 erkannt worden ist, (theilweis abgedruckt auch in Striethorst Archiv Bd. 58 S. 358) befanden sich die Fenster, zu deren Kassation Verklagter in zweiter Instanz verurtheilt worden war, sechs Fuß von der das Grundstück des Klägers trennenden Grenzmauer. Verklagter machte auch in der Nichtigkeitsbeschwerde geltend, daß der Art. 13 nur da Anwendung finde, wo ein Gebäude hart an der Grenze errichtet worden. Die Nichtigkeitsbeschwerde wurde jedoch verworfen und angenommen, daß der Art. 13 den Nachbar gegen gewisse Unbequemlichkeiten schützen solle, welche auch da zuträfen, wo die Gebäude nicht unmittelbar an der Grenze ständen.

Der Appellationsrichter weiset den Kläger lediglich auf Grund des Einwandes zurück, daß der Art. 13 a. a. O. nur auf unmittelbar an oder auf der Grenze errichtete Gebäude zu beziehen sei. Nach Verwerfung dieser Einrede ist demnach anderweitig in der Sache selbst und in Ansehung des Kostenpunktes zu verhandeln und zu entscheiden, wobei die Frage von der Unschädlichkeit der angefochtenen Anlagen im Sinne des angezogenen Art. 13 und des Präjudizes Nr. 750 zu beantworten bleibt.

Die Pommersche Bauerordnung.

Einleitung.

Die Pommersche Bauerordnung vom 30. Dezember 1764 gilt für die Bewohner des platten Landes, soweit es nicht städtische Kämmereidörfer sind. Die Städte Jacobshagen und Zachan, vormals Mediat-Amtsstädte, folgen der Bauerordnung, soweit letztere hinsichts der Güterverhältnisse der Eheleute und der Erbfolge abweichende Bestimmungen von dem Allgemeinen Landrecht enthält.

Während nach Lübischem Rechte die Gütergemeinschaft nicht als eine eigentliche innere Vermögensverschmelzung, sondern nur als äußere Gütervereinigung betrachtet wird, tritt nach der Bauerordnung eine wahre Gütergemeinschaft ein. Nach beiden Rechten behält nach dem Tode eines Ehegatten der überlebende die Vermögensmasse in Besitz, Verwaltung und Nutzung; er sitzt mit seinen unabgesonderten Kindern in Gemeinschaft auf Gedeih und Verderb. Der Mann kann aber der Frau nach Lübischem Rechte den Besitz entziehen und bestimmen, daß sie sofort nach seinem Tode mit den Kindern theilen muß.

Bei Besitzern eximirter Güter und adlichen Gutsbesitzern findet eine gleiche Gütergemeinschaft nach der Bauerordnung nicht statt.

Erk. des Ober-Tribunals vom 18. Sept. 1847, — Rechtsfälle Band II S. 235, und

Erk. des Ober-Tribunals vom 4. August 1848, — Rechtsfälle Band IV S. 229.

Für die von dem ehelichen Güterrechte der Bauerordnung ausgenommenen Personen gelten die §§ 205—344 Thl. II Titel I A.L.R.

Wo die Ausschließung der Gütergemeinschaft stattfindet, also eine Suspendirung der Bauerordnung eintritt, z. B. bei einer minorennen Ehefrau, welche sich nach dem Tode ihres Vaters — vaterlos — verheirathet hat, oder wo die Gütergemeinschaft vor Eingehung der Ehe durch Vertrag ausgeschlossen ist, gelten die subsidiären Bestimmungen des A.L.R. § 271 seq. Tit. 2 Thl. II 2c., wonach der überlebende Ehegatte, wenn er mit Deszendenten erbt, nur Kindestheil, nie aber mehr als ein Viertel erhält.

Da in der Bauerordnung wegen des Erbrechts der unehelichen Kinder nichts bestimmt ist, so tritt der § 691/708 seq. Thl. II Tit. 2 des A.L.R. ein, wonach uneheliche Kinder die Mutter, wie eheliche, beerben.

Die Bauerordnung hat übrigens nur die Erbfolge der Eheleute und der aus der Ehe vorhandenen Kinder festgesetzt, in Ansehung der Erbfolge der Aszendenten und Collateralen aber nichts bestimmt. Daraus folgt, daß es hinsichts der Frage, von wem abgefundene Kinder beerbt werden, bei der Vorschrift des Allgemeinen Landrechts verbleibt, mithin nach dem Tode abgefundener Kinder deren Eltern vor den Geschwistern zur Erbfolge berufen sind.

Bericht des Oberlandesgerichts Cöslin vom 20. Mai 1807.
Rescript des Justizministerii vom 3. Juni 1807.

Das Allgemeine Landrecht bestimmt:

Thl. II Tit. 2. Von der Erbfolge der Eltern und anderer Verwandten in aufsteigender Linie.

§ 489. In Ermangelung der Verwandten absteigender Linie gelangen die leiblichen Aeltern des Verstorbenen, mit Ausschließung seiner Geschwister, zur gesetzlichen Erbfolge.

§ 492. Ist keiner von den Aeltern mehr am Leben, so werden die weiteren Verwandten in aufsteigender Linie von den vorhandenen vollbürtigen Geschwistern des Erblassers und deren Abkömmlingen ausgeschlossen.

Da auch über das Pflichttheil die Bauerordnung eine Bestimmung nicht enthält, so tritt das Allgem. Landrecht ein.

Bauerordnung

für das Herzogthum Vor- und Hinter-Pommern

vom 30. Dezember 1764.

Titel IV.

Von der Bauers-Leute Ehe-Geld, auch Vater- und Mutter-Erbe, ingleichen von Bezahlung der Schulden.

§ 1.

Das Ehe-Geld oder Brautschatz unter den Bauers-Leuten soll nach eines jeden Orts-Vermögen, imgleichen bei Erbschichtungen das Vater- und Muttererbe anders nicht, als mit Vorwissen der Obrigkeit zugesaget, und gegeben werden, und wenn es ohne der Obrigkeit Wissen und Willen geschiehet, ganz unkräftig sein, auch von der Obrigkeit nach Vermögen der Güter von neuen verordnet werden.

Die Obrigkeit soll bei Setzung des Ehegeldes, Kleidung, Betten und Leinen, Geräthe, imgleichen der Hochzeitskosten, folgendergestalt verfahren; daß sie dem Hof Hufen und Hofwehr aussetzen, und an Orten, da ein gewisses Geld auf die Höfe gegeben wird, nur dasselbe Geld nebst dem, so über die Hofwehr an lebendiger und todter Haabe, auch baar vorhandenen oder ausstehenden Geldern, gegenwärtig ist, für des Bauren Erb und Eigen halten, davon die vorhandenen Schulden abziehen, und nach Erwägung des, so übrig bleibet, feste setzen, was davon denen Töchtern zu Ehegeldern und andern Aussteuer gebühre.

Es bleibet aber der Tochter dessen ohnerachtet, wenn sie nicht bereits abgesondert ist, ihr Recht an künftiger Erbschaft, wo etwas übrig bleibet, vorbehalten.

§ 2.

Da auch bei Erbschichtungen und andern Fällen, in diesem Herzogthum ungleiche Gebräuche, nach Unterschied der Rechte, deren sich Unsere Städte entweder nach Lübsch- oder Magdeburgschen, oder Culmschen Rechte gebrauchen, in Uebung sind, so hat es dabei sein Bewenden, daß der Städte Bauern und Dörfer dasjenige Recht, welches die Städte selbst haben, folgen. Unsere Aemter aber sowohl, als Unsere Prälaten-, Grafen- und Ritterschaft-Bauern sollen sich zwar in andere Sachen nach gemeinen Kaiser-Recht, in zweien Punkten aber, als Erbtheilung und Bezahlung der vorhandenen Schulden, nach bekannten Landes-Gebrauch richten, also, daß in solchen beiden Punkten eine Gemeinschaft und Communion der Eheleute Güter sei.

Verstirbet nehmlich ein Bauer, oder dessen Ehefrau, so soll der überlebende Theil von allen Gütern, wenn zuvörderst die Hofwehr und hiernächst die Schulden abgezogen sind, die Hälfte haben, und die andere

Hälfte die Kinder zu gleichen Theilen, oder sonsten da keine Kinder vorhanden, die nächsten Freunde des Verstorbenen erlangen. Damit es auch hierin keine Irrung gebe, so muß, wenn ein Bauer oder dessen Ehefrau stirbt, vier Wochen nach dessen Ableben, ein Inventarium errichtet werden, wobei aber dennoch der überlebende Ehegatte, in Gemeinschaft der Güter, auf gemeinschaftlichen Gewinn und Verderb sitzen bleibet, bis er zu der andern Ehe schreitet, alsdenn auf vorstehende Art die Auseinandersetzung geschiehet, und wird allen Predigern bei harter Strafe verboten, keinen Wittwer oder Wittwe zu kopuliren, bis sie, daß dieses beobachtet worden, durch ein Attest der Obrigkeit dociret; Es müssen auch wegen dieser Gemeinschaft der Güter die eingebrachte Heiraths- oder andere Gelder der Frauen oder deren Erben nicht voraus gegeben werden.

Zu § 2.

Wenn der überlebende Ehegatte mit den Kindern nicht zur Theilung schreitet, so bleibt derselbe im Besitz des ganzen Vermögens, in der Gemeinschaft der Güter auf gemeinschaftlichen Erwerb und Verderb. Er hat die alleinige Verwaltung und Nutzung des gemeinschaftlichen Vermögens, ohne zur Rechnungslegung verpflichtet zu sein. Wie weit im Einzelnen die Dispositionsbefugniß des überlebenden Ehegatten in der communio prorogata sich erstreckt, darüber enthält die Pommersche Bauerordnung keine Vorschrift. Die communio bonorum prorogata hat aber denselben rechtlichen Charakter, wie die unter den Ehegatten selbst bestehende eheliche Gütergemeinschaft.

Präjudiz 2305, Entscheidungen Bd. 21, S. 470 und Erk. v. 1. Februar 1859, Entsch. Bd. 40, S. 193.

Diesem Charakter entspricht es, daß der überlebende Ehemann in der communio bonorum prorogata die Verfügungsrechte behält, die ihm in der ehelichen Gütergemeinschaft zustanden. Ist die Frau die überlebende, so gehen die Verfügungsrechte des Mannes auf sie über. Es ist dies auch gemeinen deutschen Rechts. Die der überlebenden Ehefrau in der fortgesetzten Gütergemeinschaft der pommerschen Bauerordnung zustehende alleinige Verwaltung und Nutzung des Sammtvermögens begreift unzweifelhaft das Recht in sich, die zum Sammtvermögen gehörigen Grundstücke zu verpachten und den Pachtzins für sich zu erheben und zu verwenden. Daraus folgt auch ihre Befugniß, den festgesetzten Pachtzins zu ermäßigen. Ebenso ist die Wittwe befugt, Nachlaßforderungen allein einzuklagen.

Erkenntniß des Königl. Ober-Tribunals vom 26. November 1866 in Sachen Bauer S.'sche Erben wider den Ziegeleibesitzer L. zu Recknin. (Aktenzeichen S. 200. 1865. L. 200 rep. Kreisgericht Colberg.) — Beilage Nr. I.

Dagegen ist der überlebende Ehegatte nicht befugt, die zur gütergemeinschaftlichen Masse gehörigen Grundstücke ohne Zustimmung seiner Gütergemeinschaftsgenossen zu veräußern.

Erkenntniß des Königlichen Ober-Tribunals vom 21. Juni 1867, Entsch. Bd. 58 S. 253, und vom 21. Oktober 1867, Entsch. Bd. 59 S. 184.

Die überlebende Ehefrau ist berechtigt, die von den Kindern erster Ehe des verstorbenen Ehemannes, mit welchem sie selbst keine Kinder hat, verlangte Auseinandersetzung zu verweigern (cfr. § 4) gegen die Bestimmung des § 645 u. 653 II. 1 A.L.R., welche der Bestimmung im § 410 II. 18 A.L.R. entgegenstehen.

So ausgeführt in Sachen Arndt'sche Erben wider Wittwe Arndt A. 22, 1845.

Der Ausdruck: „auf gemeinschaftlichen Gewinn und Verderb **sitzen bleibt**" heißt: Gewinn und Verderb dessen, was vorhanden ist; erbt ein Theil, so fällt dies nicht in die Gemeinschaft. (§ 658 II. 1 A.L.R.)

(Raddatz wider Rexilius. R. 3. 1847, Appell.-Gericht Cöslin.)

Der überlebende Ehegatte bleibt ohne Unterschied, ob die Erben des verstorbenen Ehegatten leibliche Kinder oder sonstige Verwandte sind, in der Gemeinschaft der Güter auf gemeinschaftlichen Gewinn und Verderb und ist nur dann zur Auseinandersetzung schuldig, wenn derselbe zur anderen Ehe schreitet.

(siehe Arndt'sche Erben wider Wittwe Arndt.)

Durch die Auseinandersetzung werden die Kinder hinsichts des väterlichen und mütterlichen Vermögens gänzlich abgefunden, sind also nicht mehr Erben des zur zweiten Ehe geschrittenen Vaters oder Mutter, sobald Kinder aus zweiter Ehe vorhanden sind, erben aber als nächste Verwandte, sobald keine Kinder zweiter Ehe da sind. Notherben sind sie aber nicht.

§ 3.

Da aber hierdurch die Kinder an Vater- und Mutter-Erbe abgefunden werden, so können sie auch, wenn der überlebende Vater, oder die Mutter zu der andern Ehe schreitet, und darin wieder beerbt wird, keine weitere Ansprache machen, sondern es wird, nach dessen Ableben wieder nach obgedachter Art mit denen Kindern letzterer Ehe gehalten, und sollen, wenn bei einem Wirthe aus anderer oder dritter Ehe Kinder vorhanden, die letzten sich nicht auf die vorhergehende Erbschichtung oder Ausmachung berufen, sondern angeführtermaßen, nach gegenwärtigen Zustand der Güter ihre Ausmachung bekommen.

§ 4.

Ist aber die letzte Ehe nicht beerbt, so werden die Kinder aus denen vorhergehenden Ehen, als die nächsten Freunde ihres verstorbenen Vaters oder Mutters angesehen, und also, so wie § 2 von denen Freunden, in dem Fall, wenn keine Kinder sind, verordnet ist, zu der Erbschaft verstattet.

Zu § 4.

Die Bauerordnung hat nur die Erbfolge der Eheleute und der aus der Ehe vorhandenen Kinder festgesetzt, in Ansehung der Erbfolge der Ascendenten und Collateralen aber nichts bestimmt. Daraus folgt, daß es hinsichts der Frage, von wem abgefundene Kinder beerbt werden, bei der Vorschrift des Allg. Landrechts verbleibt, mithin nach dem Tode abgefundener Kinder **deren Eltern vor** den Geschwistern zur Erbfolge berufen sind.

Rescript des Justiz-Ministers v. 3. Juni 1807.

§ 5.

Ist ein Bauer mit Schulden überhäuft, so muß zuvörderst, was zur Hofwehr gehört, als der Herrschaft Eigenthum, von dem Vermögen separirt werden, und bei dem Hofe bleiben, hiernächst sind von des Schuldmanns Güter zuvörderst der Herrschaft Pächte, und was dieselbe zur Unterhaltung des Hofes vorgestreckt hat, zu bezahlen: hernach Kirchen- und Kinder-Gelder, auch andere privilegirte Schulden abzutragen, und müssen wegen bemeldeter Gemeinschaft, aller Güter, auch der Frauen Güter, mit in die Exekution, mit Hintenansetzung des Privilegii dotis, welches in denen gemeinen Rechten statt hat, gezogen werden, wenn auch gleich zu der Zeit, als die Frau zu ihrem Ehemann gekommen ist, derselbe mit Schulden allbereits behaftet gewesen, und sie solche nicht machen helfen, weil einem jeden obliegeet, dessen Zustand, mit dem er kontrahiret, zu erkundigen und zu wissen.

§ 6.

Alle auf dem Lande wohnende außer der Guts-Herrschaft, adeliche und charakterisirte Pächter, desgleichen dem Prediger, welche unter dem gemeinen Rechte stehen, sind an diese Ordnung gebunden.

Urkundlich haben Wir gegenwärtige Bauer-Ordnung Höchsteigenhändig unterschrieben, und mit Unserem Königlichen Insiegel bedrucken lassen.

So geschehen und gegeben

Berlin, den 30. Dezember 1764.

(L. S.) **Friedrich.**

v. Massow. v. Blumenthal.

Beilagen.

I.

Zu § 2 der Pommerschen Bauerordnung.

Erkenntniß

des Königl. Obertribunals vom 26. November 1866 in Sachen der Bauer S.'schen Erben wider den Ziegeleibesitzer L. zu Recknin. S. 200. 1865.

Auszug.

Der überlebende Ehegatte bleibt hiernach im Besitze des ganzen Vermögens, in der Gemeinschaft der Güter auf gemeinschaftlichen Erwerb und Verderb. Er hat die alleinige Verwaltung und Nutzung des gemeinschaftlichen Vermögens, ohne zur Rechnungslegung verpflichtet zu sein. Wie weit im Einzelnen die Dispositionsbefugniß des überlebenden Ehegatten in der communio prorogata sich erstreckt, darüber enthält die Pommersche Bauerordnung keine Vorschrift. Die communio bonorum prorogata hat aber denselben rechtlichen Charakter, wie die unter den Eheleuten selbst bestehende eheliche Gütergemeinschaft. — Vergleiche Präjudiz 2305 (Entscheid. Band 21. S. 470) und Erk. v. 1. Februar 1859 (Entsch. Band 40. S. 193).

Diesem Charakter entspricht es, daß der überlebende Ehemann in der communio bonorum prorogata die Verfügungsrechte behält, die ihm in der ehelichen Gütergemeinschaft zustanden. Ist die Frau die überlebende, so gehen die Verfügungsrechte des Mannes auf sie über. Es ist dies auch gemeinen deutschen Rechts.

Die der überlebenden Ehefrau in der fortgesetzten Gütergemeinschaft der pommerschen Bauerordnung zustehende alleinige Verwaltung und Nutzung des Sammtvermögens begreift unzweifelhaft das Recht in sich, die zum Sammtvermögen gehörigen Grundstücke zu verpachten und den Pachtzins für sich zu erheben und zu verwenden. Daraus folgt auch ihre Befugniß, den festgesetzten Pachtzins zu ermäßigen.

Der Umstand, daß hier die Kläger durch ihre Vormünder an dem Abschluß des Pachtvertrages Theil genommen haben, ändert nichts an den Befugnissen der Wittwe Strehlow. Dieselbe bedurfte der Zustimmung ihrer Gütergemeinschaftsgenossen nicht und durch deren Beitritt ist ihr die Verfügung über die Pachtrevenue nicht entzogen oder geschmälert. — Die von den Imploranten angerufenen Vorschriften im § 451 Tit. 5 und § 10 Tit. 17 Th. I A.L.R. sind auf das Institut der fortgesetzten Gütergemeinschaft nicht anwendbar, weil eben letzteres dem überlebenden Ehegatten besondere und ausgedehntere Rechte giebt, als sonst dem Mitberechtigten und Miteigenthümer zukommen.

II.

Zu § 2 Tit. 4 der Pommerschen Bauerordnung vom 30. Dezember 1764.

A.L.R. Th. I Tit. 17 § 10.

(Aus Entscheidungen des Obertribunals Band 40 S. 195.)

Die überlebende Wittwe, welche mit ihrem Ehemanne in Gütergemeinschaft nach der Pommerschen Bauerordnung vom 30. Dezember 1764 gelebt hat, ist, wenn sie nicht zur zweiten Ehe geschritten, und wenn sie in Gemeinschaft der Güter auf gemeinschaftlichen Gewinn und Verderb sitzet, allein und ohne Zuziehung der Erben ihres verstorbenen Ehemannes Forderungen des Nachlasses desselben einzuklagen legitimirt.

Die Wittwe St., welche mit ihrem Ehemanne in Gütergemeinschaft nach der Pommerschen Bauerordnung vom 30. Dezember 1764 gelebt hat und nicht zur zweiten Ehe geschritten ist, klagte 76 Thlr. 27 Sgr. Kaufgeld nebst Zinsen von dem Bauer B. ein, welches dieser für mehrere Gegenstände, die ihm ihr verstorbener Mann verkauft und übergeben hat, schuldig geblieben ist.

Der Verklagte wandte ein, daß Klägerin allein und ohne Zuziehung der zur Erbschaft mitberufenen Geschwister des Erblassers, dieses Nachlaß-Aktivum einzuklagen nicht berechtigt sei. Das Kreisgericht zu Greifenberg erachtete auch diesen Einwand mit Rücksicht auf die Vorschriften des § 10 des A.L.R. Thl. I Tit. 17 für durchgreifend und wies deshalb in seinem Erkenntnisse vom 9. Januar 1857 die Klägerin mit der erhobenen Klage angebrachtermaßen ab; das Appellationsgericht zu Stettin verwarf jedoch den erhobenen Einwand, sich auf die gedachte Bauerordnung, insbesondere § 2 Tit. 4 derselben stützend und ausführend, daß die Vorschriften im § 10 des A.L.R. Thl. I Tit. 17 für das hier obwaltende Rechtsverhältniß nicht maßgebend sein könnten, und verurtheilte demzufolge unterm 5. März 1858 den Verklagten zur Zahlung der eingeklagten Summe.

Die von dem Verklagten hiergegen eingelegte Nichtigkeitsbeschwerde ist jedoch durch das Erkenntniß des vierten Senats des Obertribunals vom 1. Februar 1859 aus folgenden

Gründen

zurückgewiesen worden:

Der § 2 Tit. 4 der Bauerordnung vom 30. Dezember 1764 lautet:

> „Verstirbt ein Bauer oder dessen Ehefrau, so soll der über-„lebende Theil von allen Gütern, wenn zuvor die Schulden ab-„gezogen sind, die Hälfte haben, und die andere Hälfte die Kin-„der zu gleichen Theilen, oder sonsten, da keine Kinder vorhanden, „die nächsten Freunde des Verstorbenen erlangen. Damit es hier „auch keine Irrung gebe, so muß, wenn ein Bauer oder dessen „Ehefrau stirbet, vier Wochen nach dem Ableben ein Inventarium „errichtet werden, wobei aber dennoch der überlebende Ehegatte „**in Gemeinschaft der Güter auf gemeinschaftlichen „Gewinn und Verderb sitzen bleibet**, bis er zur ander-„weitigen Ehe schreitet, alsdann auf vorliegende Art die Ausein-„andersetzung geschieht. . . . Es müssen auch wegen dieser Gemein-„schaft der Güter die eingebrachten Heiraths- oder anderen Güter „der Frauen oder deren Erben nicht vorausgegeben werden."

Hiernach kann der überlebende Ehegatte ohne Unterschied, ob der Mann oder die Frau zuerst stirbt, so lange er nicht zur zweiten Ehe schreitet, zur Auseinandersetzung nicht angehalten werden, vielmehr bleibt er im Besitz des ganzen Vermögens, in der Gemeinschaft der Güter auf gemeinschaftlichen Erwerb und Verderb bis zu der dereinstigen Auseinandersetzung, ohne allen Unterschied, ob Kinder vorhanden sind oder nicht. Daß die eheliche Gütergemeinschaft nicht als ein gemeinschaftliches Eigenthum im landrechtlichen Sinne, sondern als ein Gesammteigenthum aufzufassen ist, so daß das Recht des Theilnehmers der Gemeinschaft sich auf jedes Vermögensobjekt erstreckt und nicht etwa auf einen ideellen Antheil zu bestimmen ist, unterliegt keinem Zweifel (Art. 31 Buch I Sachsenspiegel, Curtius, Sächs. Privatrecht, § 497, Runde, Deutsches Privatrecht § 603 und Gutachten des Ober-Tribunals vom 24. August 1840. — Justiz-Min.-Bl. de 1840 S. 370 seq.); eben so unzweifelhaft wird in dem Falle, wenn der überlebende Ehegatte, der in Gütergemeinschaft gelebt hat, mit unabgefundenen Kindern konkurrirt, des Todes des Ehegatten ungeachtet die Gütergemeinschaft nicht aufgehoben, vielmehr tritt die communio bonorum prorogata ein, die denselben Charakter der früheren Gütergemeinschaft behält und nicht als ein dem überlebenden Ehegatten und den Kindern zustehendes gemeinschaftliches Eigenthum im landrechtlichen Sinne aufgefaßt werden kann. — Gutachten der Gesetzkommission vom 17. April 1805, Rabe, Sammlung Preuß. Gesetzgebung 8. S. 276, Runde § 608.a, Eichhorn, Einleit. in das Deutsche Privatrecht § 309.

Der überlebende Ehegatte verbleibt aber im alleinigen Besitze und in der alleinigen Verwaltung und Nutzung des gemeinschaftlichen Vermögens, ohne Verpflichtung zur Rechnungslegung, dem auch, abweichend von den landrechtlichen Bestimmungen bei Gütergemeinschaft, alles dasjenige zuwächst, was der überlebende Ehegatte nach dem Tode des andern Ehegatten mit dem gemeinschaftlichen Vermögen erworben hat. — Runde § 608.a, Stein, Lübisches Recht II. § 203, Motive zum revidirten Entwurf des Pommerschen Provinzialrechts S. 96. — Die Pommersche Bauerordnung von 1764 enthält nichts hiervon Abweichendes, stimmt vielmehr hiermit überein, indem sie ausdrücklich festsetzt, daß der überlebende Ehegatte in Gemeinschaft der Güter auf gemeinschaftlichem Gewinn und Verderb sitzen bleiben soll, wodurch mithin dem überlebenden Ehegatten allein, mit Ausschluß der Kinder, obwohl diese in die Gemeinschaft eintreten, die alleinige und ausschließliche Verwaltung des gemeinschaftlichen Vermögens zugebilligt wird.

Daraus folgt von selbst, daß der überlebende Ehegatte bei einer communio bonorum prorogata Forderungen, die einen Theil des gütergemeinschaftlichen Vermögens bilden, auch allein und ohne Zuziehung der Kinder vor Gericht geltend zu machen und einzuklagen legitimirt ist, da ihm allein das Recht zusteht, das gütergemeinschaftliche Vermögen zu besitzen, zu benutzen und zu verwalten und dieses Recht nothwendig auch die Einziehung und Erhebung der Nachlaß-Aktiva in sich schließt. Die Bauerordnung läßt in dieser Beziehung keinen Unterschied eintreten, je nachdem der überlebende Ehegatte mit Kindern oder andern Verwandten des Verstorbenen konkurrirt, indem der § 2 der Bauerordnung vielmehr dem Ueberlebenden in beiden Fällen das Sitzenbleiben auf Erwerb und Verderb der Güter zugesteht; der Vorwurf des Imploranten, daß der Appellationsrichter die Vorschrift im § 2 Tit. 4 der gedachten Bauerordnung sowie § 10 Thl. I Tit. 17 A.L.R. dadurch, daß er den der Wittwe entgegengesetzten Einwand der fehlenden Aktivlegitimation verworfen hat, durch unrichtige Anwendung verletzt, ist sonach hinfällig.

Sachregister.

(Die Zahlen bedeuten die Seitenzahlen.)

Druck von Troitzsch & Ostertag in Berlin.

FSC
www.fsc.org
MIX
Papier | Fördert
gute Waldnutzung
FSC® C083411

Kolibri 360 GmbH
Ferdinand-Jühlke-Straße 7
99095 Erfurt, Deutschland
produktsicherheit@kolibri360.de